Katharina Hanyka • Susanne Strobach

Logbuch Lebenszufriedenheit und Glück

Katharina Hanyka • Susanne Strobach

Logbuch Lebenszufriedenheit und Glück

Das 12-Wochen-Programm aus der Positiven Psychologie

Das Reinschreibbuch

Haftungsausschluss: Alle vorgestellten Konzepte sind nur Anregungen, die von Fachpersonen nach eigenem Ermessen im Rahmen gesetzlicher Vorschriften genutzt und/oder variiert werden sollten. Autorinnen und Verlag übernehmen keinerlei Haftung.

Dieses Buch ist erhältlich als:
ISBN 978-3-407-36851-5 Print
ISBN 978-3-407-36856-0 E-Book (PDF)

1. Auflage 2023

Lektorat: Ingeborg Sachsenmeier
Umschlaggestaltung: Jenny Pötzsch
Umschlagabbildung: © gettyimages, R-i-s-e
Illustration auf Seite 34: Harald Karrer, Visuals for Business

Herstellung und Satz: Jenny Pötzsch
Druck und Bindung: Beltz Grafische Betriebe GmbH, Bad Langensalza
Beltz Grafische Betriebe ist ein klimaneutrales Unternehmen (ID 15985-2104-100).
Printed in Germany

Weitere Informationen zu unseren Autor:innen und Titeln finden Sie unter:
www.beltz.de

Inhaltsverzeichnis

Vorwort von Susanne Strobach

Während Kathi und ich an diesem Buch arbeiten, befindet sich die Situation in der Welt »draußen« und in meinem persönlichen Leben in einem gravierenden Umbruch. Seit über zwei Jahren hält uns das Coronavirus mit diversen Mutationen in ständiger Unsicherheit: Kommt wieder ein Lockdown oder nicht? Erwischt mich oder meine Angehörigen die Krankheit oder nicht? Und wenn ja, werden wir rasch wieder gesund oder unter Langzeitfolgen leiden oder gar sterben? Bedingt durch die Lockdowns haben viele Menschen begonnen nachzudenken, wo sie beruflich gerade stehen und sich umorientiert, was in der Gastronomie genauso wie auf Flughäfen – besonders in der Urlaubszeit – dramatischen Personalmangel nach sich gezogen hat. In vielen Berufsgruppen haben die Menschen so viel Gefallen am früher undenkbaren Homeoffice gefunden, dass sie nicht mehr dauerhaft in ihre Büros zurückkehren wollen. In der Wirtschaft ist »New Work« das neue Modewort, an der Umsetzung scheitern jedoch noch die meisten Unternehmen.

Gleichzeitig findet zwischen Russland und der Ukraine ein – verzeihen Sie mir bitte diese Bewertung – sinnloser Krieg statt, dessen Ende nicht absehbar ist und dessen Folgen weltweite Auswirkungen haben. Getreide- und damit Nahrungsmittelknappheit in sowieso schon armen Ländern, Gas- und damit Energieknappheit in allen westlichen Staaten, die ins Unendliche steigende Energiepreise nach sich ziehen.

Persönlich waren für mich als Unternehmerin die letzten von Corona gezeichneten Jahre wie bei allen Kolleginnen und Kollegen von Unsicherheiten und Auftragsausfällen gekennzeichnet. Als Mutter einer Tochter, die ab Herbst in einem anderen Land studieren wird, durchlaufe ich alle Phasen von Mitfreude bis Trauer über den bevorstehenden Auszug meiner Liebsten. Wenn ich mich in meinem Kollegen- und Freundeskreis umsehe, höre ich dort von Unfällen, Krankheitsdiagnosen, Trennungen, pflegebedürftigen Eltern und Schwiegereltern, Verlust des Arbeitsplatzes, gescheiterten Projektvisionen bis hin zu Angehörigen, die auf der Schwelle zum Jenseits stehen. Es tut sich einiges im Großen wie im Kleinen.

Gleichzeitig merke ich – und das berichten mir auch alle Absolventinnen und Absolventen unseres Masterstudiums »Achtsamkeit in Bildung, Beratung und Gesundheitswesen« –, wie sehr ihnen und mir die dabei kultivierten Haltungen helfen, unabhängig von der Größe der Herausforderungen, gelassen und im Vertrauen auf eine positive Zukunft zu bleiben. Innehalten und den Blick immer wieder auf das zu richten, was heil ist, was funktioniert, was neben allen Belastungen schön, angenehm und erfreulich ist in unserem Leben.

Hier begegnen sich Achtsamkeit und Positive Psychologie in ihrer schönsten Form. Achtsamkeit hilft uns – wertfrei – wahrzunehmen und mit aller Intensität anzunehmen, was gerade da ist, und die Positive Psychologie unterstützt uns darin, zudem zu sehen, was gleichzeitig noch da ist: an Erfreulichem, an Schönem, an Heilem in unserem Leben.

In diesem Sinne wünsche ich Ihnen viel Mut beim Arbeiten mit diesem Buch und viel Freude beim Ernten der Früchte für den Rest Ihres Lebens!

Susanne Strobach
Wien, im November 2022

Vorwort von Katharina Hanyka

Wer sehnt sich nicht danach: Ein langes, gesundes und glückliches Leben zu führen, ein Leben, das sinnerfüllt und erfolgreich ist und in dem wir alle Herausforderungen in guten sozialen Beziehungen mühelos meistern und wir uns unsere (Lebens-)Träume erfüllen können? Ein Leben, das uns aufblühen und wachsen lässt, sodass wir jeden Tag erfüllt leben und am Ende zufrieden und voller Dankbarkeit darauf zurückblicken können.

Die Idee zur Gestaltung eines Logbuchs zur Positiven Psychologie entstand in meiner beruflichen Arbeit und der Masterarbeit zu diesem Thema. Auch ich habe viele anspruchsvolle Zeiten durchlebt, wie etwa den Tod von nahestehenden Angehörigen, Krankheiten oder Trennungen, die mich geprägt und wachsen haben lassen. Erst dadurch gelang es mir zu erkennen, dass es nicht die äußeren Umstände oder Einflüsse sind, die uns glücklich machen, vielmehr ist es meine eigene Haltung und Einstellung zu den Dingen, zu den Menschen, zum Leben selbst, die die Qualität meines Lebens ausmachen.

Als Pädagogin, Supervisorin, Psychologische Beraterin und Mitarbeiterin in einem Beratungszentrum für Gesundheitsförderung und Berufszufriedenheit konnte ich erkennen, dass jede und jeder von uns mit herausfordernden Lebensabschnitten konfrontiert ist. Nicht zuletzt aufgrund meiner beruflichen Tätigkeit und Verbundenheit zu allen Menschen ist mir die physische, psychische und soziale Gesundheit ein großes Anliegen. Depressionen und Burnout sind mittlerweile weit verbreitet. Dem gilt es durch gezielte Maßnahmen präventiv entgegenzuwirken. Denn: Wir können etwas tun!

Sowohl auf struktureller Ebene lässt sich entsprechende Präventionsarbeit leisten als auch auf der persönlichen Ebene. Wir selbst können aktiv zur eigenen Gesundheit beitragen. Prävention durch ein Wissen und Bewusstsein um die eigene Person, die eigenen Ressourcen und Stärken erscheint in diesem Zusammenhang als wertvolle Chance.

Doch wie kann dies gelingen? In meiner Masterarbeit habe ich mich intensiv mit den Theorien, Methoden und Interventionen der Positiven Psychologie auseinandergesetzt und auf deren Basis ein Selbstcoaching-Tool konzipiert, das zur Schaffung eines positiven, glücklichen und sinnhaften Lebens beitragen kann, und seine Wirkung wissenschaftlich erforscht.

Das »Logbuch Lebenszufriedenheit und Glück« stützt sich auf meine empirischen Erkenntnisse und liefert im ersten Teil einen Einblick in die wesentlichsten Theorien, Erkenntnisse und Basiskonzepte der Positiven Psychologie.

Im zweiten, praktischen Teil des Logbuchs führen Susanne Strobach und ich Sie anhand von zwölf Schwerpunktthemen durch zwölf Wochen und zeigen Ihnen, wie die Erkenntnisse der Positiven Psychologie für die Weiterentwicklung des eigenen Leben genutzt und zur Stärkung von Resilienz, Lebenszufriedenheit und Glück angewandt werden können.

Im dritten Teil verraten wir Ihnen unsere Top 3 der positiven Interventionen, mit denen wir selbst und unzählige Menschen aus unseren Seminaren seit Jahren arbeiten und die wir Ihnen sehr ans Herz legen.

Dieses Logbuch ist so aufgebaut, dass die Impulse und Tools einfach und praxisnah in den eigenen Alltag integriert werden können.

Das vorliegende Logbuch möchte Sie mit wissenschaftlich erprobten Methoden und Interventionen aus der Positiven Psychologie dabei unterstützen, sich Ihrer Stärken und Potenziale bewusst zu werden und so selbstbestimmt ein glückliches und sinnerfülltes Leben zu gestalten – ich wünsche Ihnen von Herzen, dass auch Ihre Lebensträume und -ziele wahr werden!

Katharina Hanyka
Wien, im November 2022

Einleitung und Aufbau des Logbuchs

Wir befinden uns in einer schnelllebigen und sich stets verändernden Welt, durch die wir auch persönlich immer wieder vor große Herausforderungen gestellt werden. Durch gesellschaftliche und kulturelle Wandlungsprozesse und unvorhersehbare Krisensituationen, wie Pandemie und Krieg, welche sämtliche gesellschaftliche Teilbereiche beeinflussen, geraten Menschen zunehmend an die Grenzen ihrer Belastbarkeit. An dieser Stelle kommt der Positiven Psychologie, die den Fokus auf die Relevanz positiver Emotionen nicht zuletzt in Krisenzeiten hervorhebt, eine große Bedeutung zu.

Auch beim Thema Achtsamkeit beschäftigen wir uns damit, die automatisierten Aufmerksamkeitsmuster bewusst zu machen, um so das Leben und Wohlbefinden bewusst beeinflussen zu können.

Die Positive Psychologie erforscht auf wissenschaftlich fundierter Basis Faktoren eines glücklichen und erfüllten Lebens und liefert mit ihren Methoden und Interventionen entsprechende Anhaltspunkte, wie Wohlbefinden positiv beeinflusst und die eigene Resilienz gestärkt werden kann. Ihr Ziel ist die Untersuchung und Förderung von Wohlbefinden, Lebenszufriedenheit, persönlichen Stärken, Selbstwirksamkeit und Resilienz. Hierzu entwickelt sie Möglichkeiten und Interventionen zur Prävention, um Wohlbefinden zu steigern, die eigene Resilienz und damit das »psychische Immunsystem« zu stärken.

Das »Logbuch Lebenszufriedenheit und Glück« soll Ihnen helfen, längerfristig glücklich(er) und zufrieden(er) zu werden. Wir haben das Buch so aufgebaut, dass sie neben einem fundierten Grundlagenwissen zur Positiven Psychologie auch Impulse und Anregungen für den (Berufs)Alltag erhalten, die Sie auf diesem Weg unterstützen. Sie setzen sich damit auseinander, was Wohlbefinden und gelingendes Leben für Sie persönlich bedeutet und lernen aktuelle Studien und Theorien dazu kennen.

Wenn Sie als Coach, Trainerin oder Berater arbeiten, erhalten Sie mit diesem Logbuch eine sehr gute Grundlage, mit deren Hilfe Sie ihren Coachees »Handwerkszeug« an die Hand geben können, um die Lebenszufriedenheit stärker auszubauen.

Der zweite Teil des Buches enthält das 12-Wochen-Programm, das zur Umsetzung und Verinnerlichung einlädt. Durch die Verbindung von persönlicher Reflexion und Selbsterfahrung mit theoretischem Wissen profitieren Sie sowohl persönlich als auch inhaltlich. Der Schlüssel zum Erfolg ist Kontinuität in der Ausführung, die durch das 12-Wochen-Programm automatisch geschaffen wird. Theoretisches Wissen und praktische Anwendung werden so im realen Leben verbunden.

Nachdem das 12-Wochen-Programm als ein Selbstcoaching-Tool zu verstehen ist, erfährt die Methode des Selbstcoachings im ersten Teil eine theoretische Fundierung. Ebenso werden die Grundprinzipien von Gewohnheiten erläutert. Wer gelernt hat, aus seinem – oft destruktiven – Autopiloten auszusteigen und stattdessen stärkende Gewohnheiten und Rituale in seinen Alltag einzubauen, kann seinem Leben eine bedeutsame Wendung geben.

In Teil 3 dieses Buches stellen wir Ihnen unsere ganz persönlichen Top 3 vor. Drei Übungen, die wir selbst seit Jahren praktizieren und die Sie in Ihrem Leben nicht nur ein Stück, sondern gleich einen Quantensprung vorwärts bringen werden.

Der Weg zu einem glücklichen und zufriedenen Leben ist kein Geheimrezept, das nur wenigen Auserwählten vorbehalten ist. Auch Sie können sich mit nur wenigen Minuten pro Tag ein positiveres Lebensgefühl schaffen, in eine Aufwärtsspirale geraten und dadurch eine ganz neue Lebensqualität in allen Lebensbereichen erfahren.

Viel Freude bei Ihrem persönlichen Wachstum!

Teil 1

Theoretische Grundlagen, Erkenntnisse und Basiskonzepte der Positiven Psychologie

Positive Psychologie – ein Hoffnungsschimmer für die Zukunft mit viel Potenzial

Glück und Wohlbefinden sind seit jeher zentrale Themen für die Menschheit. Sie waren bisher jedoch nur Sekundärgegenstand der wissenschaftlichen Forschung, wenngleich das individuelle Interesse an Fragen nach einem gelingenden und sinnerfüllten Leben immer schon präsent war. Die Positive Psychologie setzt genau hier an und rückt im Gegensatz zur traditionellen Psychologie, die sich mit »Störungen« und Verletzungen auseinandersetzt, die Förderung des Positiven und des Wohlbefindens in den Fokus. Sie entwickelt und evaluiert Interventionen, welche letztendlich nicht nur der Förderung einer positiven individuellen Entwicklung dienen, sondern die auch eine Auswirkung auf institutionelle und gesellschaftliche Prozesse hat. Um im eigenen Leben Sinn, Wohlbefinden und Glück erfahren zu können, sind positive Erfahrungen, Erfolgserlebnisse, Anerkennung und Wertschätzung notwendig. Die Positive Psychologie leistet hier einen wertvollen Beitrag, indem sie präventiv mit gezielten Techniken und Interventionen die Voraussetzungen für ein erfülltes, sinnhaftes und positives Leben schafft.

Grundlagen

Die Positive Psychologie ist ein Forschungszweig der Psychologie, der sich in Theorie und Forschung mit der Frage nach Faktoren für ein glückliches und zufriedenes Leben befasst. Mit wissenschaftlichen Methoden werden Bedingungen für Wohlbefinden untersucht. Aus den Erkenntnissen werden entsprechende Interventionen entwickelt und evaluiert, um letztendlich zur Förderung einer positiven, individuellen, institutionellen und gesellschaftlichen Entwicklung beizutragen. Bisher wurde die Frage nach einem geglückten Leben vor allem im Kontext der Philosophie und Theologie gestellt und beantwortet. Die Positive Psychologie beschäftigt sich erstmals wissenschaftlich mit den verborgenen Stärken von Menschen und der Entfaltung ihrer Potenziale. Damit trägt sie in weiterer Folge zur ganzheitlichen Gesundheitsförderung bei.

Als offizieller Begründer gilt der US-amerikanische Psychologie Martin E. P. Seligman. Vor etwa 20 Jahren, also um die Jahrtausendwende, hielt Martin E. P. Seligman in seiner Funktion als Präsident der American Psychological Association (APA), die weltgrößte Vereinigung von Psycholog:innen sowie Psychotherapeut:innen, eine richtungsweisende Rede, in der er an die versammelten Experten appellierte, ihre Blickrichtung radikal zu überdenken. Anstelle der bisher primär defizitorientierten Auseinandersetzung mit psychischen Erkrankungen, also ihren Entstehungsfaktoren sowie ihrer Behandlung, sollte der Fokus und das Forschungsinteresse darauf gerichtet werden, was Menschen psychisch und physisch gesund hält.

Daraus folgen Fragen wie: Warum und wie gelingt es manchen Menschen, trotz widriger Lebensumstände sowohl körperlich als auch seelisch gesund zu bleiben? Warum sind manche Menschen glücklicher als andere?

Martin Seligman geht von drei zentralen Säulen als Fundament der Positiven Psychologie aus.

- Die erste Säule bezieht sich auf Forschungen zu positiven Emotionen.
- Die zweite Säule beschäftigt sich mit der Erforschung positiver Charaktereigenschaften beziehungsweise Stärken.
- Und die dritte Säule umfasst positive Institutionen, wie etwa das System Familie.

Mit den Jahren entstand eine Vielzahl an Studien, die zeigten, welche Rolle positive Gefühle, Dankbarkeit, Hoffnung und Optimismus für unsere psychische und physische Gesundheit spielen.

Ziele und Anwendungsfelder

Die Positive Psychologie verfolgt primär das Ziel, Faktoren zu erforschen, die Individuen und Gemeinschaften zum Aufblühen bringen. Die Erkundung dessen, was das Leben lebenswert macht und auch die entsprechende Ausrichtung des eigenen Lebens, sodass es als sinnhaft und positiv erfahren wird, ist Gegenstand der Positiven Psychologie. Menschen sollen demnach beim Finden und Erleben von Wohlbefinden und Sinn in ihrem Leben unterstützt werden.

- Wie lässt sich Glück näher definieren und messen?
- Wodurch kann subjektives Wohlbefinden gesteigert werden?

- Warum verfügen Menschen über unterschiedliches Glücksempfinden? Warum sind also aus welchem Grund manche Menschen oder Gemeinschaften glücklicher als andere?

Das alles sind Fragen, denen sich die Positive Psychologie – neben weiteren Disziplinen wie etwa die Philosophie, Theologie oder Politik – widmet. Bei der Beantwortung der genannten Fragestellungen geht die Positive Psychologie stets von einem Streben der Menschen nach einem erfüllten und sinnvollen Leben aus. Sie ist ressourcen- und lösungsorientiert und leistet einen wesentlichen Beitrag zur Prävention beispielsweise von Burnout oder Depressionen.

Mittlerweile gibt es zahlreiche Anwendungsfelder der Positiven Psychologie, sei es in der Pädagogik, in der Arbeitswelt, in der Gemeinschaft, in der Psychotherapie oder etwa im Bereich der Gesundheit.

Der relevante Schwerpunkt: die Positivität

Die Positivität steht im Mittelpunkt der Positiven Psychologie. Oftmals wird die Bedeutung von Positivität missverstanden. Es geht dabei nicht um eine Verleugnung des Negativen. Dies würde die Gefahr mit sich bringen, dass unangenehme Komponenten abgelehnt werden und ein »Alles-ist-immer-gut-Fatalismus« entsteht. Vielmehr meint Positivität eine Akzeptanz gegenüber den eigenen Lebensumständen und dem Vorhaben, das Bestmögliche aus einer Situation zu generieren. Der Begriff der Positivität umfasst das lateinische Wort »positum« und bedeutet übersetzt »das Vorgegebene«. Demnach gilt es, sich mit den aktuellen Lebensumständen auseinanderzusetzen und sie zu akzeptieren, anstatt diese zu unterdrücken oder durch Ablenkungen zu kompensieren.

Die Positive Psychologie verfolgt das Ziel, wenn es nicht möglich ist, das Vorhandene uneingeschränkt neutral zu sehen, im scheinbar Negativen das Positive zu erkennen. Im Sinne einer Verinnerlichung einer entsprechenden (positiven) Einstellung und Haltung gegenüber unangenehmen Ereignissen. Diese Haltung zeichnet sich durch eine Akzeptanz des Tatsächlichen aus, durch Erwartungen an gute Handlungsalternativen sowie durch das Erkennen und gezielte Einsetzen von Ressourcen.

In diesem Kontext bedarf es einer Auseinandersetzung mit positiven Emotionen und Gefühlen, denn sie prägen das menschliche Verhalten und steuern unsere Handlungen maßgeblich.

(Positive) Emotionen versus Gefühle: Die Begriffe Gefühl und Emotion werden oftmals synonym verwendet. Beide sind aber miteinander verbunden: Der emotionale Ausdruck, also das beobachtbare Verhalten eines Menschen, ist direkt an das Gefühl gekoppelt. Dieses Verhalten kann über die Körperhaltung, die Mimik, die Gestik oder die Stimme ausgedrückt werden. Emotionen gehen also direkt mit einer Reaktion auf ein erlebtes oder vorgestelltes Geschehen einher und bewirken eine daraus resultierende Handlung. Der wesentlichste Unterschied zwischen der Emotion und dem Gefühl ist die Sichtbarkeit. Während Emotionen mit einer Botschaft nach außen wirken, erleben wir Gefühle vor allem im Inneren. Gefühle beinhalten nämlich die Information an uns selbst, was in uns vorgeht. Neurowissenschaftlich ist messbar, dass eine Emotion im Gehirn maximal 90 Sekunden dauert. In diesem Zeitraum haben wir keine Kontrolle über unsere Reaktion, hier ist unser urzeitliches Stammhirn aktiv. Wir alle kennen das als Affekthandlungen. In den 90 Sekunden setzen jedoch unsere Gedanken ein und wir nehmen die damit verbundenen Gefühle wahr – diese können wir beeinflussen.

Die Wirkung von positiven Emotionen und Gefühlen: Positive Emotionen unterscheiden sich von negativen in ihrer Häufigkeit sowie in ihrer Dauer und Intensität. Während negative Gefühle rascher wahrgenommen werden und länger nachwirken, sind positive Gefühle zwar durchschnittlich häufiger, werden aber im Alltag oftmals nicht sofort als solche erkannt. Positive Gefühle entstehen häufig parallel, überlappen sich also mit anderen und fließen ineinander.

Als eine der bekanntesten Forscherinnen auf dem Gebiet der positiven Gefühle gilt Barbara L. Fredrickson, eine amerikanische Professorin für Psychologie an der University of North Carolina in Chapel Hill. Sie konnte in zahlreichen Studien nachweisen, dass wir unter dem Einfluss positiver Emotionen und Gefühlen soziale Beziehungen und Bindung begünstigen sowie das Lernen, die Kreativität und unsere allgemeinen Intelligenzleistungen steigern können. Positive Emotionen reduzieren Stressreaktionen und tragen in weiterer Folge zu unserer physischen Gesundheit und seelischen Widerstandskraft – der Resilienz – bei. In ihren Experimenten und Studien fand sie heraus, dass sich positive Gefühle bewusst herbeiführen lassen. Der Aufbau positiver Gefühle bewirkt die Entwicklung neuer dauerhafter Ressourcen sowie eine Zunahme an intellektuellen und sozialen Problemlösungsfähigkeiten.

Diese Erkenntnis ist insofern von großer Bedeutung als wir Menschen ursprünglich über ein katastrophisches Gehirn verfügen, das aufgrund unseres biologischen Instinktverhaltens stärker und mehr das Negative als das Positive registriert. Dabei geht es – wie bereits erwähnt – nicht darum, negative Emotionen oder Gefühle zu unterdrücken oder zu leugnen. Vielmehr spielt die richtige Balance zwischen positiven und negativen Emotionen oder Gefühlen eine Rolle. Fredrickson (2011) weist deutlich darauf hin, dass bei positiven Gefühlen mehr die Häufigkeit und die Kontinuität ausschlaggebend sind als die Intensität. Ein oftmaliges Erleben positiver Gefühle bewirkt eine Anbahnung wichtiger positiver Prozesse im Gehirn.

Wie weit können wir unsere Gefühle tatsächlich beeinflussen? Emotionen und Gefühle sind Teil des menschlichen Lebens, sie begleiten und prägen unser Handeln und unser Erleben. Der Theorie und Auffassung von Barbara L. Fredrickson zufolge, verfügt fast jeder Mensch über die Fähigkeit und die Energie, sich bewusst für ein zufriedenes und besseres Leben zu entscheiden und dieses entsprechend zu gestalten.

Vielen Menschen ist allerdings nicht bewusst, dass ihnen – unabhängig von ihren Lebensumständen – bereits wertvolle Ressourcen und Energiequellen zur Verfügung stehen. Energiequellen im Sinne einer tief empfundenen optimistischen Lebenseinstellung sind für die meisten Menschen erfahrbar. Dieses subtile und flüchtige Gefühl ist sehr subjektiv und manifestiert sich in verschiedenen Formen – wie etwa ein tief empfundenes Glücksgefühl bei einer kreativen oder sportlichen Aktivität.

Aus neurowissenschaftlicher Sicht kommt es durch das häufige Erleben von positiven Emotionen und Gefühlen im Gehirn zu einer vermehrten Vernetzung dieser Gehirnzellen (Neuroplastizität). Vielleicht kennen sie das berühmte Sprichwort: »Neuronen, die zusammen feuern, verdrahten sich.« (»Neurons that fire together, wire together.«) Je mehr sie ihre Neuronen dazu bringen, aufgrund positiver Erlebnisse und Wahrnehmungen zu feuern, desto mehr verdrahten sie positive neuronale Strukturen. Bildlich gesprochen entspricht die neue Nervenbahn zu Beginn einem kaum sichtbaren Weg, den jemand durch ein Maisfeld nimmt. Je häufiger eine neue Handlung, ein neuer Gedanke oder ein neues Verhalten wiederholt wird, desto breiter wird der Weg. Selten oder nicht mehr benutzte Wege hingegen wachsen wieder zu und verschwinden mit der Zeit wieder.

Die Aufnahme des Guten ist eine gehirnwissenschaftlich versierte und psychologisch geschickte Art und Weise, Gefühle zu verbessern. Laut dem Neurowissenschaftler Rick Hanson gehört sie zu den fünf besten Methoden zur persönlichen Entwicklung (2019). Sie ist nicht nur gut für Erwachsene, sondern auch für Kinder, denn sie hilft ihnen, belastbarer, selbstbewusster und glücklicher zu werden.

Die Broaden-and-Build-Theorie: Die Broaden-and-Build-Theorie nach Barbara L. Fredrickson untermauert den großen Einfluss von positiven Emotionen (2011). Diese Theorie besagt, dass positive Emotionen zu einer Erweiterung der Wahrnehmung (»broaden«) und zu einem Aufbau der Ressourcen (»build«) führen. Demnach setzen positive Emotionen Prozesse in unserem Gehirn in Gang, welche dazu führen, dass wir beim Erleben positiver Gefühle einen erweiterten Blick auf die Welt erhalten und sich unsere Wahrnehmung vergrößert. Dies wiederum hat langfristige Auswirkungen unter anderem auf unsere Kreativität, Resilienz und Problemlösefähigkeit.

Die Auswirkungen positiver Emotionen werden von Barbara L. Fredrickson in zwei aufgestellten »Kernwahrheiten«, also Grundprinzipien, repräsentiert. Das erste Grundprinzip sieht positive Emotionen als Auslöser für die Öffnung unseres Herzens und unseres Geistes, sodass wir empfänglicher und kreativer werden. Demnach ermöglichen positive Emotionen einen erweiterten Denk- und Handlungsspielraum, der uns kreativer und flexibler agieren lässt. Gesteuert von einer interessierten und neugierigen Haltung, sind wir motiviert, uns auf neue Erfahrungen einzulassen und uns weiterzuentwickeln. Eine negative Haltung hingegen beschränkt unsere Lern- und Handlungserfahrungen und verengt unser Blickfeld. An Konflikten ist sehr gut erkennbar, wie unser Fokus immer enger wird und wir letztlich nur noch die andere Person als »Feindbild« mit ihren Fehlern wahrnehmen und keinen offenen Blick mehr haben für Lösungsvarianten des Problems.

Das zweite Grundprinzip geht davon aus, dass positive Emotionen das Gute im Menschen fördern und eine positive Lebenseinstellung uns zu besseren Menschen macht. Durch das Öffnen unseres Herzens und unseres Geistes können wir neue Fähigkeiten, neues Wissen und neue Möglichkeiten unseres Seins entdecken, ausloten und aufbauen.

Literaturtipps

Fredrickson, B. L. (2011): Die Macht der guten Gefühle. Wie eine positive Haltung Ihr Leben dauerhaft verändert. Frankfurt am Main: Campus.

Hanson, R. (2019): Das resiliente Gehirn. Wie wir zu unerschütterlicher Gelassenheit, innerer Stärke und Glück finden können. Freiburg im Breisgau: arbor.

Die 3-zu-1-Quotient-Theorie – der entscheidende »Tipping Point«: Eine andere Bestätigung erfährt die Positive Psychologie durch die 3-zu-1-Quotient-Theorie. Stellen Sie sich vor, dass positive Gefühle als Nährstoffe psychischer Gesundheit fungieren, die auch regelmäßig bewusst zugeführt werden müssen. Die Summe der positiven Momente trägt wesentlich zu unserem ganzheitlichen Wohlbefinden bei. Entscheidend ist die richtige Balance zwischen positiven und negativen Gefühlen. Gemäß der »3-zu-1-Quotient-Theorie« von Barbara L. Fredrickson (2011) beträgt das ideale Verhältnis zwischen positiven und negativen Gefühlen drei zu eins. Auf Basis differenzierter Analysen wurde die sogenannte 3:1-Faustregel konstruiert: Auf jede negative emotionale Erfahrung kommen drei positive Erlebnisse. Das wiederum markiert den Tipping-Point, der darüber bestimmt, ob Menschen gedeihen oder dahinvegetieren.

Glücksmomente oder Momente der Freude lassen sich etwa beim Ausüben eines Hobbys, in Beziehungen mit Freund:innen oder der Familie, in der Natur, beim Sport, beim Lesen eines Buches ... schaffen. Ein bewusstes Einplanen in den oft dichten Alltag erleichtert das Erreichen des sogenannten Tipping-Points.

Formal lässt sich der positive Quotient durch die Anzahl der positiven Gefühle, die während einer bestimmten Lebensphase auftreten, geteilt durch die Anzahl der negativen Gefühle, berechnen. Wenn Menschen dreimal häufiger positive als negative Gefühle erleben, so bewältigen sie auch widrige Lebensumstände leichter. Ab dem erreichten 3:1-Wert ermöglichen die positiven Gefühle den sogenannten »Broaden-and-Build-Effekt«. Dabei handelt es sich um einen Richtwert. Das regelmäßige Erleben des Tipping-Points aktiviert die sogenannte Aufwärtsspirale. Sinkt die Positivität unter einen bestimmten Wert, so besteht die Gefahr, dass Menschen in eine von Starre und Ohnmacht geprägte Abwärtsspirale verfallen. Optimum wäre, in eine von

Positivität geprägte Aufwärtsspirale zu gelangen, denn durch das häufige Erleben von positiven Erfahrungen, gedeiht diese weiter und Menschen fühlen sich erfüllt und lebendig. Dies hat unmittelbar auch Einfluss auf die eigene psychische, physische und soziale Gesundheit.

Neuere Studien sprechen sogar schon davon, dass in einer Beziehung normalerweise fünf gute Interaktionen notwendig sind, um eine einzige schlechte auszugleichen.

Erst durch die Bereitschaft, sich eine entsprechende Lebenshaltung zu erarbeiten, gelingt es, ein gesünderes und kreativeres Leben zu erfahren. Diese Erkenntnisse sind erfreuliche Prognosen und legitimeren eine Fokussierung auf Inhalte der Positiven Psychologie. Schließlich bieten diese vielversprechende Aussichten für unsere ganzheitliche Gesundheit und unser Wohlbefinden. Den Aspekt der Selbstverantwortung und Selbstwirksamkeit gilt es als entscheidende Prämisse nicht außer Acht zu lassen. Das angeleitete 12-Wochen-Programm ermöglicht es, dass wir in die sogenannte Aufwärtsspirale gelangen.

Theorien und Konzepte zum Wohlbefinden und Glück

Die Rolle von Tugenden und Stärken

Schon Aristoteles wies darauf hin, dass dauerhaftes Glück auf etwas bauen müsse, das in unserer Hand liegt. Die Positive Psychologie forscht seit mittlerweile mehr als zwei Jahrzehnten zu »Happiness«. Dabei geht es vor allem um »Well-Being«, also um Prozesse und Faktoren, die sowohl dem Individuum als auch der Gesellschaft ein glückliches und zufriedenes Leben ermöglichen. Mit dem heutigen Stand der Wissenschaft gilt es, vor allem positive Emotionen bewusst wahrzunehmen und sich darauf zu fokussieren, die eigenen (Charakter-)Stärken zu kultivieren und damit zu einem »guten« und erfüllten Leben zu gelangen. Seligman orientiert sich an den Vorstellungen eines tugendhaften Lebens und definiert in Folge einer groß angelegten Recherche sechs universelle Tugenden:

- Weisheit und Wissen
- Mut
- Liebe und Humanität
- Gerechtigkeit
- Mäßigung
- Spiritualität/Transzendenz

Mithilfe unserer Stärken können wir diese Tugenden erlangen. Daher wurden diese sechs Grundtugenden durch Charakterstärken ergänzt. Zum Erwerb der Tugenden als menschliche Haltung gibt es unterschiedliche Zugänge – konkret Charakterstärken. Insgesamt sind es 24 Charakterstärken, bei denen davon ausgegangen wird, dass sie in engem Zusammenhang mit der Lebenszufriedenheit eines Menschen stehen. Mittels eines eigenen Einschätzungstests (charakterstaerken.org) können die individuellen charakteristischen »Signaturstärken« eruiert und in weiterer Folge im Leben entsprechend eingesetzt werden. Wem es gelingt, die eigenen Signaturstärken in jener Form zu etablieren, dass reichlich Belohnung in den ihr oder ihm wichtigen Lebensbereichen erfahren werden kann, die oder der führt ein gutes Leben. Ein sinnvolles Leben lässt sich führen, wenn die eigenen Signaturstärken eingesetzt werden, um etwas Größerem zu dienen. Ein erfülltes Leben ergibt sich aus der gelebten Synthese von Freude, Sinnhaftigkeit und Gutem.

6 Tugenden und 24 Charakterstärken

Weisheit und Wissen

- Kreativität
- Neugier
- Urteilsvermögen
- Liebe zum Lernen
- Weisheit

Mut

- Authentizität
- Tapferkeit
- Ausdauer
- Enthusiasmus

Gerechtigkeit

- Fairness
- Führungsvermögen
- Teamwork

Humanität

- Freundlichkeit
- Bindungsfähigkeit
- Soziale Intelligenz

Mäßigung

- Vergebungsbereitschaft
- Bescheidenheit
- Umsicht
- Selbstregulation

Transzendenz

- Sinn für das Schöne
- Dankbarkeit
- Hoffnung
- Humor
- Spiritualität

Literaturtipp

Härtl-Kasulke, C./Revers, A. (2018): Lebenskunst! Eine Anleitung zur Positiven Psychologie. Einführung für Trainer, Coaches und Personalentwickler. Weinheim: Beltz.

Das Flow-Erleben – Die Theorie von Mihály Csíkszentmihályi

Ein weiterer Zugang zum Thema Glück und Zufriedenheit lässt sich durch die Flow-Theorie von Mihály Csíkszentmihályi (2001), einem renommierten amerikanischen Professor für Psychologie, erschließen.

Der Flow-Effekt zeichnet sich dadurch aus, dass Raum und Zeit scheinbar stillstehen. Er tritt ein, wenn ein Mensch ganz in einer Tätigkeit aufgeht. Diese muss genügend herausfordernd und gleichzeitig bewältigbar, interessant und für diese Person sinnvoll sein. Neueste Studien konnten nachweisen, dass mindestens 15 Minuten benötigt werden, um in einen Flow zu kommen. (Eine Unterforderung wäre Langeweile und eine Überforderung würde Angst vor dem Scheitern auslösen.)

In diesen außergewöhnlichen Momenten haben Menschen vielfach das Gefühl mühelosen Handelns. Flow als subjektiv erlebter psychischer Zustand, in dem man sich wirksam, glücklich und motiviert zugleich empfindet, ist ein wesentlicher Teil der intrinsischen Motivation und verursacht angenehme Gefühle.

Literaturtipp

Csíkszentmihályi, M. (2001): Lebe gut! Wie Sie das Beste aus Ihrem Leben machen. München: dtv.

Die Theorie des Wohlbefindens – das PERMA-Modell nach Martin Seligman

In eine ähnliche Richtung geht das PERMA-Modell nach Seligmann (2015). Die »Theorie des Wohlbefindens« orientiert sich an dem sogenannten »PERMA-Modell«, ein Ansatz aus den fünf Komponenten:

- **P**ositive Emotions (Positive Emotionen)
- **E**ngagement (Engagement)
- **R**elationships (Beziehungen)
- **M**eaning (Sinn)
- **A**ccomplishment (Zielerreichung/Erfolg)

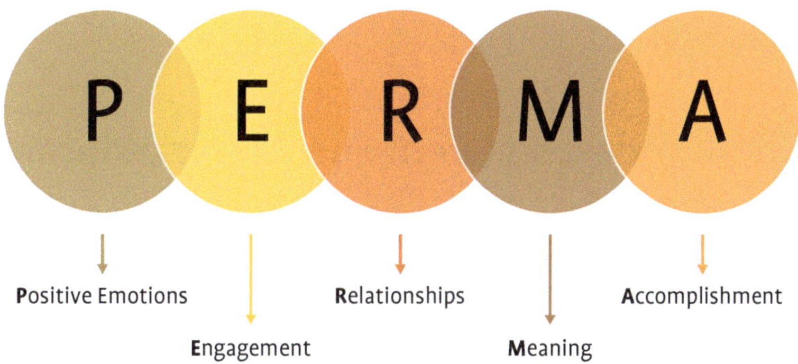

Resultierend aus dem englischen Sprachgebrauch ergibt sich das Akronym PERMA.

Wohlbefinden lässt sich nicht direkt messen, kann aber durch unterschiedliche, ihrerseits messbare Elemente bestimmt werden. Jedes Element erfüllt in seiner Funktion drei Voraussetzungen. Erstens beeinflusst es das Wohlbefinden. Zweitens verfolgen es viele Menschen um ihrer selbst willen und nicht, um etwas zu erreichen, und drittens verfügt jede Säule für sich über eine gewisse Exklusivität und kann unabhängig von den anderen definiert und gemessen werden. Dass Menschen aus innerer Motivation heraus aufblühen, beruht weitgehend auf den Elementen der »Theorie des Wohlbefindens« (Seligman 2015).

Das PERMA-Modell basiert auf der Grundlage der persönlichen individuellen Stärken und soll durch einen kontinuierlichen Einsatz der eigenen (Charakter-)Stärken alle fünf Elemente des Wohlbefindens erfahrbar machen. Der Aspekt der Nachhaltigkeit des Wohlbefindens spielt eine entscheidende Rolle, denn schließlich soll sich dieses »permanent« einstellen. Obwohl zum PERMA-Modell zahlreihe einzelne Studien existieren, lässt es sich als Gesamtkonstrukt nicht explizit empirisch belegen. Aufgrund seiner leichten Verständlichkeit ist es recht praxistauglich und bietet den Vorteil, dass sich die zahlreichen Interventionen der Positiven Psychologie den einzelnen Elementen gut zu- beziehungsweise einordnen lassen.

Literaturtipp

Seligman, M. E. P. (2015): Wie wir aufblühen. Die fünf Säulen des persönlichen Wohlbefindens. München: Wilhelm Goldmann.

Möglichkeiten und Grenzen von Veränderung

Wovon hängt unser Lebensglück nun ab? Und wie weit ist es wirklich möglich, Lebensglück unabhängig von Ausgangs- und Rahmenbedingungen selbst zu steuern?

Als Ursache für unser Wohlbefinden nennt Sonja Lyubomirsky (2018), eine der führenden Wohlbefindens-Forscherinnen, drei zentrale Faktoren:

- äußere Umstände (10 Prozent)
- bewusste Verhaltensweisen (40 Prozent)
- ein genetisch festgelegter Fix- oder Nullpunkt (50 Prozent)

Unser Wohlbefinden beruht demnach auf einem prozentuell aufgegliederten Zusammenwirken von den genannten Faktoren, wobei 100 Prozent das Kontinuum des Glücks ergeben. Diese Erkenntnisse sind das Ergebnis zahlreicher Zwillingsforschungen, die darauf schließen lassen, dass jede und jeder von uns mit einem sogenannten »Glücksnullpunkt« geboren wird, der vererbt wurde und zu dem wir nach Hoch- oder Tiefphasen immer wieder zurückkehren. Wenn also die genetisch bestimmte Persönlichkeit und die oftmals komplexen äußeren Umstände summiert 60 Prozent ergeben, so bleibt unser eigenes Verhalten mit 40 Prozent ein entscheidender Faktor für unser

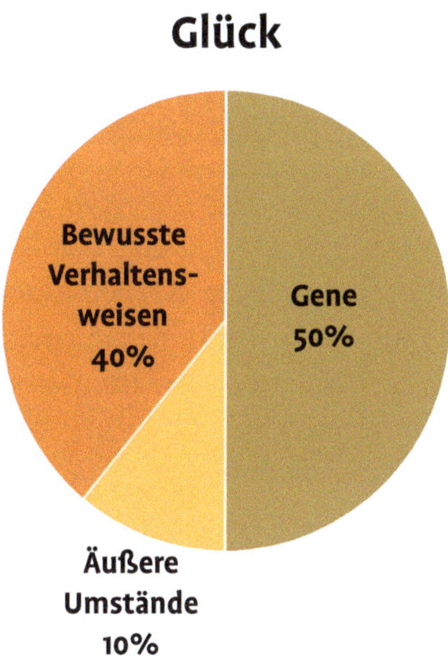

beeinflussbares Wohlbefinden. Wir selbst können also durch unsere alltäglichen Handlungen und Gedanken entscheidend zu unserer Zufriedenheit und unserem Glück beitragen.

Darauf aufbauend wurden Forschungsprojekte initiiert, welche sich auf eine optimale Steuerung unserer Gedanken und Handlungen stützen. Konzipiert wurden verschiedene Glücksinterventionen, welche in Experimenten umgesetzt und erforscht wurden, um herauszufinden, wie das Glück der Versuchspersonen über ihren genetischen Fixpunkt hinaus gesteigert und bewahrt werden kann. Diese der Positiven Psychologie zugehörigen Interventionen werden in den Ausführungen zum Thema Selbstcoaching vorgestellt, da sie im Rahmen eines persönlichen Selbstcoaching-Prozesses als zentrales Werkzeug dienen.

Literaturtipp

Lyubomirsky, S. (2018): Glücklich sein. Warum Sie es in der Hand haben, zufrieden zu leben. Frankfurt am Main: Campus.

Selbstcoaching auf Basis der Positiven Psychologie

An dieser Stelle möchten wir auf das 12-Wochen-Programm im zweiten Teil des Buches eingehen. Es handelt sich um ein empirisch erforschtes Selbstcoaching-Tool, das auf Basis der Theorien, Erkenntnisse und Interventionen der Positiven Psychologie konzipiert wurde.

Das Selbstcoaching – eine bekannte Methode unter Beratungsformaten – ermöglicht eine effektive Selbststeuerung und eine achtsame und bewusste Lebensgestaltung. In selbstreflexiven Prozessen können destruktive Verhaltens- und Denkmuster erkannt und in weiterer Folge aufgelöst sowie eigene Ressourcen und Potenziale entfaltet werden. Schließlich ist ein reflektierter Umgang mit sich selbst ein wesentliches Merkmal einer gelingenden, also glück- und sinnhaften sowie verantwortungsvollen Berufs- und Lebensgestaltung. Wenn es innerhalb der eigenen Möglichkeiten und der intrinsisch orientierten Bereitschaft oder Motivation gelingt, sich auf den Prozess und das Streben nach einem zufriedenen, erfüllten Leben einzulassen, so kann Selbstcoaching eine chancenreiche Ressource für nachhaltiges Sinn- und Glückserleben sein. Ein auf Erkenntnisse der Positiven Psychologie gestütztes Selbstcoaching-Tool generiert optimale Voraussetzungen zur Schaffung einer zufriedenen gelungenen Lebensgestaltung.

Vom Coaching zum Selbstcoaching: Coaching erfährt in den letzten Jahren zunehmende Beliebtheit. Allgemein lässt sich Coaching als ein freiwilliger, interaktiver Beratungs- und Begleitungsprozess definieren. Dieser personenzentrierte Prozess ist zeitlich begrenzt und an ein berufliches oder privates Ziel gebunden. Die Förderung und der Ausbau von ressourcen-, lösungsorientierten und selbstreflexiven Kompetenzen steht im Mittelpunkt. Im ergebnis- und lösungsorientierten Verlauf des Coachings werden konkret messbare Kriterien für die Zielerreichung und ein inhaltlicher Rahmen definiert.

Die Beratungslandschaft reicht von Coaching, Supervision, Organisations- und Teamentwicklung bis hin zu Psychosozialer Beratung und Psychotherapie, wobei diese Aufzählung noch längst keine Vollständigkeit erfährt.

In diesem Logbuch wird der Fokus auf die Möglichkeit des Selbstcoachings gerichtet.

Selbstcoaching, Selbstmanagement: Der Begriff des Selbstcoachings hat sich aus dem Konstrukt des Coachings herausentwickelt und grenzt sich vom Coaching dahingehend ab, dass Menschen für den eigenen Lernprozess und somit für die eigene Persönlichkeitsentwicklung Verantwortung übernehmen. Ohne die Unterstützung und Begleitung durch einen Coach oder eine Beraterin, einen Berater, fördert Selbstcoaching die eigene Selbststeuerung und Selbstverantwortung. Das Selbstcoaching definiert sich als schrittweiser Prozess, in dem man selbst die Rolle des Coachs übernimmt. Es handelt sich um eine Art Entdeckungsreise zum eigenen Ich. Der Prozess soll mehr Klarheit über sich selbst und über Aspekte des Lebens bringen, die man verändern oder erreichen will. Natürlich kann dieser Prozess von einem Coach angeregt und begleitet werden.

Selbstcoaching ermöglicht im Sinne einer achtsamen Führung und Begleitung durch einen inneren Coach eine effektive Selbststeuerung. Es ist eine erlernbare Fähigkeit, die der eigenen positiven Selbstentwicklung dient. Während sich das Selbstmanagement auf das kontrollierte Planen und Umsetzen bezieht, fungiert das Selbstcoaching als eine Art Reise zu sich selbst.

Mithilfe ausgewählter Techniken und Interventionen können beim Selbstcoaching Situationen auf einer Metaebene wahrgenommen und reflektiert werden. Im weiteren Prozess können das eigene Verhalten und Denken verändert werden.

Selbstmanagement basiert auf unterschiedlichen planungs- und strukturorientierten Teilkompetenzen und liefert für das Selbstcoaching durchaus nützliche Leitfäden. Vor dem Hintergrund, dass sich Selbstmanagement aus dem Zeitmanagement und persönlichen Arbeitstechniken zu einem ganzheitlichen Ansatz entwickelt hat, können einzelne Methoden und Techniken auch im Coaching eingesetzt werden – wie etwa eine zielorientierte Planung und Umsetzung der eigenen Mission (Lebenssinn). Unter dem eigenen Rollenbewusstsein geht es um das Erreichen von kurz-, mittel- oder auch langfristigen Zielen, wobei der Planung und Umsetzung mittels operativer Techniken eine hohe Bedeutung zukommt.

Grundannahmen des Selbstcoachings

Selbstcoaching basiert auf den Annahmen über die Funktionsweise von menschlichen Lern- und Entwicklungsprozessen. Dabei wird davon ausgegangen, dass jeder Mensch die Lösung für sein Anliegen bereits in sich trägt und über die Fähigkeit verfügt, durch bestimmte Impulse oder Erkenntnisse, die eigenen Ressourcen zu aktivieren. Menschen können sich in vielen Situationen selbst das benötigte Wissen oder die erforderlichen Kompetenzen aneignen. Manchmal kann es auch zur Erkenntnis führen, dass eine externe Beratung oder Begleitung nötig ist. Nicht das Problem erscheint als zentral, sondern der lösungs- und handlungsorientierte Umgang damit. Andernfalls bestünde die Gefahr, dass sich durch Problemfixierung Schwierigkeiten verfestigen, was in weiterer Folge zu einer Einschränkung der Alternativen führt. Dahingehend muss vorab – im Sinne einer achtsamen Standortbestimmung und -analyse – herausgefunden werden, woran erkennbar wäre, dass das Problem gelöst wurde.

Für den lösungsorientierten Ansatz ist die Theorie des Konstruktivismus von besonderer Bedeutung. Jeder Mensch konstruiert seine eigene Vorstellung von Wirklichkeit – ganz individuell und subjektiv. Bestimmte Situationen werden aufgrund eigener Erfahrungen und Annahmen beschrieben und bewertet, beispielsweise als belastend. Die Aufmerksamkeit wird auf jene Aspekte gerichtet, die unsere Überzeugungen und Annahmen belegen, wodurch wir oftmals unsere Probleme selbst konstruieren. Und genau an dieser Stelle setzt Selbstcoaching an. Es bietet aussichtsreiche Perspektiven, indem es durch gezielte Impulse, Techniken und Aufgaben zur eigenen bewussten Auseinandersetzung mit sich selbst anregt und anleitet.

Selbstcoaching ist in folgenden Situationen besonders wirksam:

- die eigene Persönlichkeit erforschen – sich selbst besser kennenlernen
- Klärung und Erreichung persönliche und beruflicher Ziele
- erfolgreiches und positives Gestalten von Veränderungsprozessen
- Entscheidungsfindungen

Die Etablierung von Gewohnheiten als Erfolgsgarant

In Anbetracht dessen, dass 95 Prozent unserer täglichen Entscheidungen unbewusst verlaufen und von Routinen geleitet werden, ist es nachvollziehbar, dass jegliche Veränderung von Gewohnheiten mit großer Anstrengung verbunden ist. Schließlich ist der Mensch durch seine alltäglichen Gewohnheiten geprägt und ein Durchbrechen seines Autopiloten erfordert viel Willenskraft. Um Gewohnheiten und andere Verhaltensweisen langfristig zu ändern, braucht es im Schnitt acht bis zehn Wochen in diesem schrittweisen Prozess.

Entsprechend einem Experiment der Psychologin Dr. Phillippa Lally (2010) sind es durchschnittlich 66 Tage bis zu einer neuen automatisierten Gewohnheit. Sie erforschte bei einer Versuchsgruppe von rund 100 Personen die Etablierung von gesunden Routinen. Die Probanden mussten entweder jeden Tag ein Stück Obst konsumieren oder eine kurze Bewegungseinheit in ihren Tagesablauf integrieren. Bei der Auswertung zeigte sich, dass vom bewussten Ausführen einer Aktivität bis zur automatisierten Ausführung durchschnittlich 66 Tage notwendig waren. Bei komplexeren Gewohnheiten, wie anstrengenden Sporteinheiten, kann sich dies sogar nochmals verändern.

Kurze tageweise Unterbrechungen machten keinen Unterschied und führten trotzdem zum Ziel. Voraussetzung ist die eigene Willenskraft, die allerdings begrenzt ist und im Laufe des Tages verbraucht wird. Nachdem es sich bei der Willenskraft um eine limitierte Ressource handelt, sind Gewohnheiten als sehr wertvoll und dienlich zu betrachten. Mit Gewohnheiten kann die eigene Willenskraft gespart werden und erwünschte Veränderungen können sich nachhaltig einstellen. Dies ist darauf zurückzuführen, dass bei Gewohnheiten nicht mehr bewusst entschieden werden muss, ob ein Verhalten ausgeführt wird. Schließlich formt sich ein Verhalten allmählich von einem kontrollierten in einen automatisierten Prozess. Verortet ist die Willenskraft im sogenannten präfrontalen Cortex. Dieser ist für die Selbstkontrolle zuständig ist. Ähnlich wie ein Muskel, lässt sich die Willenskraft bewusst trainieren.

Voraussetzungen für einen erfolgreichen Selbstcoachingprozess: Aus diesen Erkenntnissen leiten wir folgende Faktoren für einen erfolgreichen Selbstcoachingprozess ab:

- Wille zur Weiterentwicklung
- Zeitressourcen bewusst zur Verfügung stellen
- Bereitschaft für eine bewusste Auseinandersetzung, auch mit schwierigen Gefühlen
- ein liebevoller Umgang mit sich selbst und Ehrlichkeit sich selbst gegenüber
- die Bereitschaft bei Bedarf externe Unterstützung beizuziehen

- Neugierde und Offenheit wertfrei anzunehmen, was aus dem Inneren auftaucht
- ressourcenorientiertes Handeln

Reflexion und Selbstreflexion: Beim Einsatz eines Selbstcoaching-Tools kommen der Selbstreflexion und der Selbstverantwortung sowie der Selbstfürsorge große Bedeutung zu. Aus lerntheoretischer Perspektive spielt der Aspekt der wiederholten Übung und Anwendung eine zentrale Rolle.

Dieser Prozess kann durchaus überraschend und unter anderem auch schmerzhaft sein. Es ist wichtig, möglichst neugierig und ergebnisoffen zu sein und nichts zu bewerten. Natürlich ist das nicht immer einfach. Hier ist es hilfreich, sich mit anderen auszutauschen oder sogar professionelle Begleitung in Anspruch zu nehmen.

Unser 12-Wochen-Programm verfolgt das Ziel, sich selbst besser kennenzulernen, bewusster in Bezug auf innere Einstellungen und automatisch einsetzende Reaktionen zu werden. Indem Sie den Fokus auf Positives legen, können Sie langfristig mehr Lebenszufriedenheit erlangen und sich Ihrer Wunschzukunft annähern. Eigene Themen und Anliegen werden dabei transparent gemacht und können bearbeitet werden. Das Ergebnis kann dabei nicht vorhergesagt werden. Lassen Sie sich auf eine spannende Reise ein. Sie steuern Ihr Lebensschiff selbst!

Gezielte Fragetechniken und -formen: Die Positive Psychologie und das Selbstcoaching sind lösungs- und ressourcenorientiert. Diese Haltung lässt sich in der systemischen Therapie und Beratung im sogenannten lösungsorientierten Ansatz verorten, der auf die Psychotherapeuten Steve de Shazer (1940–2005) und Insoo Kim Berg (1934–2007) zurückgeht. Die lösungs- und ressourcenorientierte Arbeit bedient sich unterschiedlicher Techniken, wie etwa gezielter Fragestellungen. Mit gezielten Fragetechniken lassen sich Veränderungsprozesse in Gang setzen. Das primäre Ziel besteht darin, emotionale Prozesse zu initiieren, bestehende Muster zu unterbrechen, neue Muster zu etablieren und so zu mehr Zufriedenheit und Wohlbefinden zu gelangen.

Auch im Rahmen unseres 12-Wochen-Programms finden Sie ritualisierte wöchentliche Fragen bei der Kategorie »Wöchentlicher Rückblick« und ergänzende Fragen bei der »wöchentlichen Challenge«.

Literaturtipp

Kindl-Bleifuß, C. (2008): Fragen können wie Küsse schmecken. Heidelberg: Carl-Auer.

Positive Interventionen im Selbstcoaching: Positiv-psychologische Interventionen verfolgen primär das Ziel, vorhandene positive Gefühle, Gedanken und Verhaltensweisen zu verstärken. Sie fördern Wohlbefinden und Glückserleben, erweitern persönliche Ressourcen, helfen beim Einsatz eigener Stärken und tragen zu beruflichem Erfolg und Glück bei. Auch in den wöchentlichen Challenges finden sich »Positive Interventionen«, wie zum Beispiel das Schreiben eines Dankbarkeitsbriefs, jemandem Gutes tun oder sich bewusst Glücksmomente schaffen.

Immer wieder gilt es sich bewusst zu machen, dass Wohlbefinden zu einem großen Teil durch gezielte Aktivitäten und Strategien beeinflussbar ist.

Nachdem jedes Individuum über einmalige Begabungen, Bedürfnisse, Interessen und Werte verfügt, bedarf es in einem ersten Schritt der Findung einer auf die Person abgestimmten Strategie. Das Nutzen passender und der Person entsprechenden Strategien gilt als entscheidend für ein glückliches Leben.

Die Schale der Liebe

Wenn du vernünftig bist, erweise dich als Schale und nicht als Kanal,
der fast gleichzeitig empfängt und weitergibt,
während jene wartet, bis sie gefüllt ist.
Auf diese Weise gibt sie das, was bei ihr überfließt,
ohne eigenen Schaden weiter.

Lerne auch du, nur aus der Fülle auszugießen
und habe nicht den Wunsch freigiebiger zu sein als Gott.

Die Schale ahmt die Quelle nach.
Erst wenn sie mit Wasser gesättigt ist, strömt sie zum Fluss, wird sie zur See.
Du tue das Gleiche! Zuerst anfüllen, und dann ausgießen.

Die gütige und kluge Liebe ist gewohnt überzuströmen, nicht auszuströmen.
Ich möchte nicht reich werden, wenn du dabei leer wirst.
Wenn du nämlich mit dir selber schlecht umgehst, wem bist du dann gut?

Wenn du kannst, hilf mir aus deiner Fülle,
wenn nicht, schone dich.

(Bernhard von Clairvaux, 1090–1153)

Teil 2

Die Praxis: Das 12-Wochen-Programm

»Selbst nach all dieser Zeit sagt die Sonne nie zur Erde:
›Du stehst in meiner Schuld!‹
Schau, was eine solche Liebe bewirkt –
sie erleuchtet den ganzen Himmel.«

(Hafiz, persischer Sufi-Dichter, 1326–1390)

Der Start in die zwölf Wochen

Nun beginnen deine zwölf Wochen zu mehr Lebenszufriedenheit und Glück. Du hast im ersten Teil dieses Buches das wissenschaftliche Fundament bekommen, hier geht es nun zur praktischen Umsetzung. Mithilfe der Übungen schaffst du den Transfer der Theorie in die Praxis. Das hat Auswirkungen auf dein Leben! Aus diesem Grund wechseln wir ab hier auch zum persönlicheren Du als Anrede.

Alle Reflexionsfragen sind so formuliert, dass du sie für dich persönlich beantwortest. Vielleicht erhöht es deine Motivation und erweitert deinen Fokus auf andere Menschen und aufs Leben, wenn du das Programm mit jemanden zusammen machst und dich danach mit deiner Freundin, deinem Partner oder liebevollen Verwandten – die natürlich das Programm ebenfalls mitmachen – über die Erkenntnisse und Ergebnisse austauscht.

Wir wissen, dass es gelingen kann, und wünschen dir viel Freude auf deinem Weg ins Glück, hin zu mehr Lebenszufriedenheit!

Mögest du erhellende Momente finden.
Möge dein Herz sich öffnen für alle deine Emotionen.
Mögest du mit Selbstmitgefühl auf die schwierigeren Momente in deinem Leben blicken können.
Mögest du die Fülle deines Lebens mit jeder Faser deines Körpers spüren.
Möge sich ein bunter Regenbogen über dein Leben spannen und du täglich ein paar Goldstücke entdecken.

Katharina und Susanne

Dein 12-Wochen-Programm »Lebenszufriedenheit und Glück« aus der Positiven Psychologie

In den folgenden zwölf Wochen setzt du dich Schritt für Schritt mit dir, deinen Lebenszielen und Träumen auseinander, lernst dich selbst immer besser kennen und schaffst dir die Basis für mehr Lebenszufriedenheit und Glück. Am wirksamsten ist das Programm, wenn du es als fixen Bestandteil in deinen Alltag integrierst. Um in eine dynamische Aufwärtsspirale zu gelangen, sind Disziplin, Kontinuität und Fokus wichtig.

Du wirst sehen, nach einiger Zeit haben sich in deinem Gehirn neue Neuronenverbindungen gebildet und über die Dauer von zwölf Wochen verstärken sie sich zu einem guten Fundament. Zudem werden dir die Übungen immer leichter fallen und wie selbstverständlich ein Teil deines Lebens werden!

Der Aufbau des 12-Wochen-Programms

Einstieg: Bevor du mit dem Programm beginnst, frage dich zunächst, wo du gerade in deinem Leben stehst.

Was macht dich glücklich? Was bereitet dir Freude?

....

....

....

....

....

Was sind deine Träume?

....

....

....

....

....

Was sind deine kleinen und großen Ziele im Leben?

....

....

....

....

....

Welche Menschen und Beziehungen tun dir gut?

....

....

....

....

....

Was möchtest du noch erreichen?

....

....

....

....

....

....

....

Worauf möchtest du in einem Jahr stolz zurückblicken können?

....

....

....

....

....

....

....

Bereit für den Weg, der dein Leben verändert?!

Dann los!

Viel Erfolg!

Der Aufbau

Wöchentlichen Fragen: Wir starten jede Woche mit persönlichen Fragen. Wachse über dich hinaus und lerne dich besser kennen.

Fokussierung: Im Anschluss daran beginne dich zu fokussieren. Du lernst, wie du dich besser organisierst, indem du

- einen Leitgedanken, ein Motto für die Woche setzt,
- Ziele, Aufgaben und Prioritäten einteilst,
- Termine und Erinnerungen planst sowie
- Gedanken und Ideen zur persönlichen Weiterentwicklung sammelst.

Eine kompakte Download-Version des Wochenplaners findest du bei den Online-Materialien zum Buch.
Lasse dich so Schritt für Schritt durch die nächsten zwölf Wochen führen.

Wöchentliche Challenge: In der wöchentlichen Challenge lernst du, die Interventionen der Positiven Psychologie in den Alltag umzusetzen und du setzt dich noch intensiver mit dir auseinander.

Wochenrückblick mit Skalierung und Fragen: Verfolge deine Entwicklung im wöchentlichen Rückblick. Skaliere die einzelnen Lebensbereiche und beantworte die wöchentlichen Fragen.

- Auf diese Weise machst du deine Fortschritte, Erfolge und Erkenntnisse sichtbar.
- Du setzt dir Schwerpunkte für die jeweils kommende Woche.
- »Gegeben und Erhalten« soll dich dafür sensibilisieren, dass es nicht um ein »inneres Konto« geht, im Sinne von »Was tue ich für dich und was tust du für mich?«, sondern dass wir da Gutes tun, wo wir gerade helfen können, und von ganz anderer Seite erfahren wir Unterstützung, Hilfe, Wohlwollen. Und du etablierst durch Dankbarkeit eine positive Haltung.

Eigene Notizen: Raum für Kreativität und eigene Notizen hast du am Ende jeder Woche.

Woche 1 Vision:
Ich beginne zu träumen ...

»Auch eine Reise von 1 000 Meilen beginnt mit dem ersten Schritt.«
(Laotse)

Wöchentliche Fragen

In welchen Momenten oder Situationen fühlst du dich so glücklich und erfüllt, dass du jegliches Zeitgefühl vergisst?

....

....

....

....

Was ist deine Vision von einem glücklichen, zufriedenen Leben? Wie fühlt es sich an? Wie schmeckt es? Wie riecht es? In welchen Farben schillert es?

....

....

....

....

....

Wenn du keine Einschränkungen finanzieller oder zeitlicher oder anderer Natur hättest, was würdest du gern tun. Was davon kannst du heute schon in kleinen Aspekten umsetzen?

....

....

....

....

....

....

....

Fokussierung

Mein Leitgedanke, mein Motto für diese Woche:

....

....

....

....

....

....

Ziele, Aufgaben und Prioritäten in dieser Woche:

....

....

....

....

....

....

....

....

Termine und Erinnerungen:

....

....

....

....

....

....

....

....

Gedanken und Ideen zur persönlichen Weiterentwicklung in dieser Woche:

Wöchentliche Challenge: »Brief an mich«

Schreibe dir selbst einen Brief oder eine E-Mail. Hier hältst du fest, wo du dich und dein Leben im Moment siehst und wo du hinmöchtest.

Wochenrückblick – Woche 1

Dein Wochen-Check

Bewerte folgende Bereiche deines Lebens. Zeichne zusätzlich rechts neben der Skala einen Pfeil nach oben, wenn sich der Bereich verbessert hat. 1 ist das Schlechteste und 10 das Bestmöglichste. Das Ziel dabei ist, dass du dir Schwerpunkte für einzelne Lebensbereiche setzt und durch den bewussten Fokus darauf und gezielte Maßnahmen positive Veränderungen auf der Skala wahrnehmen kannst.

Gesamtstimmung	1	2	3	4	5	6	7	8	9	10	
Dankbarkeit	1	2	3	4	5	6	7	8	9	10	
Sinn stiften	1	2	3	4	5	6	7	8	9	10	
Familie	1	2	3	4	5	6	7	8	9	10	
Freunde	1	2	3	4	5	6	7	8	9	10	
Partnerschaft	1	2	3	4	5	6	7	8	9	10	
Soziales Leben	1	2	3	4	5	6	7	8	9	10	
Spaß	1	2	3	4	5	6	7	8	9	10	
Kreativität	1	2	3	4	5	6	7	8	9	10	
Gesunde Ernährung	1	2	3	4	5	6	7	8	9	10	
Sport	1	2	3	4	5	6	7	8	9	10	
Naturerfahrungen	1	2	3	4	5	6	7	8	9	10	
Finanzen	1	2	3	4	5	6	7	8	9	10	
Arbeit	1	2	3	4	5	6	7	8	9	10	
Aus-, Fort- und Weiterbildung	1	2	3	4	5	6	7	8	9	10	
Gedanken und Emotionen	1	2	3	4	5	6	7	8	9	10	
Zeit für mich	1	2	3	4	5	6	7	8	9	10	

Wöchentliche Fragen mit Rückblick auf die Woche

Was hat mir Kraft gegeben?

....

....

....

Ich bin dankbar für ...

....

....

....

Was lief noch nicht so gut?

....

....

....

Was lerne ich daraus?

....

....

GEGEBEN	ERHALTEN
Was habe ich Gutes für jemanden getan?	Was habe ich von anderen erhalten?
....	....
....	....
....	....
....	....

Was würde die kommende Woche wundervoll machen?

....

....

....

....

Worin will ich nächste Woche ehrlicher sein? (zu mir selbst beziehungsweise zu anderen)

....

....

....

....

Worauf will ich mich nächste Woche fokussieren?

Persönliche Notizen

Woche 2 Aufbruch: Ich richte meinen Kompass neu aus!

»Die wahre Entdeckungsreise besteht nicht darin, dass man neue Landschaften aufsucht, sondern darin, mit frischen Augen zu sehen.«
(Marcel Proust)

Wöchentliche Fragen

Wenn du symbolisch deinen Rucksack für die Reise packst, mit Pausenbrot, Wasserflasche und frischen Socken, welche drei Dinge dürfen auf deiner neuen Lebensreise auf gar keinen Fall fehlen?

....

....

....

....

Blicke durch ein Fernrohr, was soll sich am Ende der zwölf Wochen in deinem Leben verändert haben?

....

....

....

....

Mit welchen Minischritten kannst du sofort losgehen?

....

....

....

....

Fokussierung

Mein Leitgedanke, mein Motto für diese Woche:

....

....

....

....

Ziele, Aufgaben und Prioritäten in dieser Woche:

....

....

....

....

....

Termine und Erinnerungen:

....

....

....

....

....

....

....

....

Gedanken und Ideen zur persönlichen Weiterentwicklung in dieser Woche:

....

....

....

....

....

....

....

....

Wöchentliche Challenge: »Morgenroutine etablieren«

Versuche eine bewusste Morgenroutine zu etablieren – oder zumindest eine kleine Sache in der Früh zu verändern. Das kann eine kleine Meditation, ein heißes Zitronen- oder Ingwerwasser, eine kurze Bewegungseinheit, ein Dankbarkeitsritual, das Festlegen einer Tagesintention beim Aufwachen (zum Beispiel: Heute schenke ich jedem Menschen ein Lächeln. Heute bleibe ich gelassen, egal, was der Tag mir bringt.) oder nur ein ganz bewusster Atemzug sein.

Welche Erfahrungen kannst du sammeln?

....

....

....

....

....

....

....

....

....

....

....

Wochenrückblick – Woche 2

Dein Wochen-Check

Bewerte wieder die Bereiche deines Lebens. Zeichne zusätzlich rechts neben der Skala einen Pfeil nach oben, wenn sich der Bereich verbessert hat. 1 ist das Schlechteste und 10 das Bestmöglichste. Das Ziel dabei ist, dass du dir Schwerpunkte für einzelne Lebensbereiche setzt und durch den bewussten Fokus darauf und gezielte Maßnahmen positive Veränderungen auf der Skala wahrnehmen kannst.

Gesamtstimmung	1	2	3	4	5	6	7	8	9	10	
Dankbarkeit	1	2	3	4	5	6	7	8	9	10	
Sinn stiften	1	2	3	4	5	6	7	8	9	10	
Familie	1	2	3	4	5	6	7	8	9	10	
Freunde	1	2	3	4	5	6	7	8	9	10	
Partnerschaft	1	2	3	4	5	6	7	8	9	10	
Soziales Leben	1	2	3	4	5	6	7	8	9	10	
Spaß	1	2	3	4	5	6	7	8	9	10	
Kreativität	1	2	3	4	5	6	7	8	9	10	
Gesunde Ernährung	1	2	3	4	5	6	7	8	9	10	
Sport	1	2	3	4	5	6	7	8	9	10	
Naturerfahrungen	1	2	3	4	5	6	7	8	9	10	
Finanzen	1	2	3	4	5	6	7	8	9	10	
Arbeit	1	2	3	4	5	6	7	8	9	10	
Aus-, Fort- und Weiterbildung	1	2	3	4	5	6	7	8	9	10	
Gedanken und Emotionen	1	2	3	4	5	6	7	8	9	10	
Zeit für mich	1	2	3	4	5	6	7	8	9	10	

Wöchentliche Fragen mit Rückblick auf die Woche

Was hat mir Kraft gegeben?

....

....

Ich bin dankbar für ...

....

....

Was lief noch nicht so gut? Was lerne ich daraus?

....

....

GEGEBEN	ERHALTEN
Was habe ich Gutes für jemanden getan?	Was habe ich von anderen erhalten?
....	....
....	....
....	....
....	....

Was würde die kommende Woche wundervoll machen?

....

....

....

....

....

....

....

Worin will ich nächste Woche ehrlicher sein? (zu mir selbst beziehungsweise zu anderen)

....

....

....

....

....

....

....

....

Worauf will ich mich nächste Woche fokussieren?

Persönliche Notizen

Woche 3 Akzeptanz: Ich anerkenne, was ist!

»Der beste Weg einen Freund zu haben, ist der, selbst einer zu sein.«
(Ralph Waldo Emerson)

Wöchentliche Fragen

»Wer loslässt, hat beide Hände frei.«

Schau dir alle privaten und beruflichen Bereiche an und liste auf, was du gerade gern anders hättest, wo du unzufrieden und wo du im Widerstand bist. Liste alles auf und spüre nach, welche Körperempfindungen damit verbunden sind.

....

....

....

....

....

Woche 3

Mit den genannten Situationen sind viele, meist schwierige Emotionen und Gefühle verbunden (Neid, Eifersucht, Wut, Hilflosigkeit ...). Schreibe zu jeder Situation die damit verbundenen Gefühle. Dazu verraten wir dir ein Geheimnis: Wenn du durch das genaue Hinsehen und Benennen deinen Gefühlen Raum gibst und akzeptierst, dass es in Ordnung ist, in dieser Situation so zu fühlen, kommt es häufig vor, dass sich die unangenehmen Gefühle dadurch verändern und du sie nicht mehr so bedrohlich erlebst. Manchmal lösen sie sich durch das Benennen sogar auf.

Akzeptanz bedeutet nicht, alles gut zu heißen. Es bedeutet, die Dinge anzunehmen, sie sein zu lassen, sie gut sein zu lassen. Versuche jetzt, in die Akzeptanz aller oben aufgelisteten Themenfelder zu gehen. Höre auf, dagegen anzukämpfen. Stoppe unzufriedene, ärgerliche Gedanken, immer wenn sie auftauchen, weil du damit nur den Widerstand verstärkst. Nimm alles an, wie es jetzt gerade ist. Denke dir dabei: Mein Leben ist perfekt, so wie es ist. Alles ist gut, so wie es ist. Wenn du diese Dinge, Situationen, Menschen akzeptierst, wie sie gerade sind, welches Körpergefühl taucht dabei auf? Wie viel Energie wird frei, um sie einzeln aufzulösen?

Fokussierung

Mein Leitgedanke für diese Woche:

....

....

....

....

....

Ziele, Aufgaben und Prioritäten in dieser Woche:

....

....

....

....

....

Termine und Erinnerungen:

....

....

....

Gedanken und Ideen zur persönlichen Weiterentwicklung in dieser Woche:

Literaturtipp

Strobach, S./Zika, U. (2023): Logbuch Achtsamkeit und Mitgefühl. Weinheim, Basel: Beltz.

Wöchentliche Challenge: »Tu Gutes«

Tu täglich etwas Freundliches für eine andere Person, ohne dass sie erfährt, dass du es warst. Wenn du ihre Reaktion sehen kannst, wie geht es dir dabei? Notiere dir deine Erfahrungen.

Wochenrückblick – Woche 3

Dein Wochen-Check

Bewerte folgende Bereiche deines Lebens. Zeichne zusätzlich rechts neben der Skala einen Pfeil nach oben, wenn sich der Bereich verbessert hat. 1 ist das Schlechteste und 10 das Bestmöglichste. Das Ziel dabei ist, dass du dir Schwerpunkte für einzelne Lebensbereiche setzt und durch den bewussten Fokus darauf und gezielte Maßnahmen positive Veränderungen auf der Skala wahrnehmen kannst.

Gesamtstimmung	1	2	3	4	5	6	7	8	9	10	
Dankbarkeit	1	2	3	4	5	6	7	8	9	10	
Sinn stiften	1	2	3	4	5	6	7	8	9	10	
Familie	1	2	3	4	5	6	7	8	9	10	
Freunde	1	2	3	4	5	6	7	8	9	10	
Partnerschaft	1	2	3	4	5	6	7	8	9	10	
Soziales Leben	1	2	3	4	5	6	7	8	9	10	
Spaß	1	2	3	4	5	6	7	8	9	10	
Kreativität	1	2	3	4	5	6	7	8	9	10	
Gesunde Ernährung	1	2	3	4	5	6	7	8	9	10	
Sport	1	2	3	4	5	6	7	8	9	10	
Naturerfahrungen	1	2	3	4	5	6	7	8	9	10	
Finanzen	1	2	3	4	5	6	7	8	9	10	
Arbeit	1	2	3	4	5	6	7	8	9	10	
Aus-, Fort- und Weiterbildung	1	2	3	4	5	6	7	8	9	10	
Gedanken und Emotionen	1	2	3	4	5	6	7	8	9	10	
Zeit für mich	1	2	3	4	5	6	7	8	9	10	

Wöchentliche Fragen mit Rückblick auf die Woche

Was hat mir Kraft gegeben?

....

....

Ich bin dankbar für …

....

....

Was lief noch nicht so gut? Was lerne ich daraus?

....

....

GEGEBEN	ERHALTEN
Was habe ich Gutes für jemanden getan?	Was habe ich von anderen erhalten?
....	....
....	....
....	....
....	....

Was würde die kommende Woche wundervoll machen?

....

....

....

....

....

....

....

Worin will ich nächste Woche ehrlicher sein? (zu mir selbst beziehungsweise zu anderen)

....

....

....

....

....

....

....

....

Worauf will ich mich nächste Woche fokussieren?

Persönliche Notizen

Woche 3

Woche 4 Intuition: Ich verbinde mich mit meiner inneren Stimme!

Sagt die Seele zum Körper: »Sag du's ihr, auf mich hört sie nicht.« Sagt der Körper zur Seele: »Okay, ich werde krank, dann hat sie Zeit für dich.«

Wöchentliche Fragen

Wann hast du das letzte Mal auf dein Bauchgefühl gehört und bist damit richtig gelegen?

....

....

....

In welchen Situationen ignorierst du dein Bauchgefühl oder bist nicht ganz ehrlich zu dir selbst? Und wie geht es dir damit – körperlich und seelisch? Wovor möchtest du dich dabei schützen?

....

....

....

....

Wenn dein Körper mit einer Stimme zu dir sprechen könnte, was würde er zu dir sagen?

....

....

....

....

Fokussierung

Mein Leitgedanke, mein Motto für diese Woche:

....

....

....

....

Ziele, Aufgaben und Prioritäten in dieser Woche:

....

....

....

....

Termine und Erinnerungen:

....

....

....

....

....

....

....

....

Gedanken und Ideen zur persönlichen Weiterentwicklung in dieser Woche:

....

....

....

....

....

....

....

....

Wöchentliche Challenge: »Dankeskarte«

Dankbarkeit ist die Königsdisziplin der Positiven Psychologie. Welche Person, welche Menschen inspirieren, beeinflussen und bereichern dich am meisten in deinem Leben? Gestalte für diese Personen individuelle Dankeskarten, in denen du sie wissen lässt, wofür du ihnen dankbar bist oder sie schätzt.

Woche 4

Wie fühlt sich das für dich an?

Wochenrückblick – Woche 4

Dein Wochen-Check

Bewerte folgende Bereiche deines Lebens. Zeichne zusätzlich rechts neben der Skala einen Pfeil nach oben, wenn sich der Bereich verbessert hat. 1 ist das Schlechteste und 10 das Bestmöglichste. Das Ziel dabei ist, dass du dir Schwerpunkte für einzelne Lebensbereiche setzt und durch den bewussten Fokus darauf und gezielte Maßnahmen positive Veränderungen auf der Skala wahrnehmen kannst.

Gesamtstimmung	1	2	3	4	5	6	7	8	9	10	
Dankbarkeit	1	2	3	4	5	6	7	8	9	10	
Sinn stiften	1	2	3	4	5	6	7	8	9	10	
Familie	1	2	3	4	5	6	7	8	9	10	
Freunde	1	2	3	4	5	6	7	8	9	10	
Partnerschaft	1	2	3	4	5	6	7	8	9	10	
Soziales Leben	1	2	3	4	5	6	7	8	9	10	
Spaß	1	2	3	4	5	6	7	8	9	10	
Kreativität	1	2	3	4	5	6	7	8	9	10	
Gesunde Ernährung	1	2	3	4	5	6	7	8	9	10	
Sport	1	2	3	4	5	6	7	8	9	10	
Naturerfahrungen	1	2	3	4	5	6	7	8	9	10	
Finanzen	1	2	3	4	5	6	7	8	9	10	
Arbeit	1	2	3	4	5	6	7	8	9	10	
Aus-, Fort- und Weiterbildung	1	2	3	4	5	6	7	8	9	10	
Gedanken und Emotionen	1	2	3	4	5	6	7	8	9	10	
Zeit für mich	1	2	3	4	5	6	7	8	9	10	

Wöchentliche Fragen mit Rückblick auf die Woche

Was hat mir Kraft gegeben?

....

....

Ich bin dankbar für ...

....

....

Was lief noch nicht so gut? Was lerne ich daraus?

....

....

GEGEBEN	ERHALTEN
Was habe ich Gutes für jemanden getan?	Was habe ich von anderen erhalten?
....	....
....	....
....	....
....	....

Woche 4

Was würde die kommende Woche wundervoll machen?

....

....

....

....

....

....

....

Worin will ich nächste Woche ehrlicher sein? (zu mir selbst beziehungsweise zu anderen)

....

....

....

....

....

....

....

....

Worauf will ich mich nächste Woche fokussieren?

Persönliche Notizen

Woche 4

Woche 5 Loslassen: Ich vergebe und bin frei!

»Wenn du etwas loslässt, bist du etwas glücklicher. Wenn du viel loslässt, bist du viel glücklicher. Wenn du ganz loslässt, bist du frei.«
(Ajahn Chah)

Wöchentliche Fragen

Loslassen kannst du auf vielen Ebenen. An welchen Gegenständen hältst du fest und warum? Wenn du davon nur drei Dinge in deinen Rucksack packen könntest, welche wären das?

....

....

....

....

In welchen Lebensbereichen ist dir Kontrolle wichtig? In welchen davon kannst du sie (schon) abgeben und wie fühlt sich das an – körperlich und emotional?

....

....

....

Gibt es einen Menschen dem du – vielleicht schon lange – etwas »nachträgst«, mit dem du in Unfrieden bist? Was ist notwendig, damit du das Thema loslassen kannst, um damit selbst frei zu sein?

....

....

....

....

Fokussierung

Mein Leitgedanke, mein Motto für diese Woche:

....

....

....

....

Ziele, Aufgaben und Prioritäten in dieser Woche:

....

....

....

....

Termine und Erinnerungen:

....

....

....

....

....

....

....

....

Gedanken und Ideen zur persönlichen Weiterentwicklung in dieser Woche:

....

....

....

....

....

....

....

....

Wöchentliche Challenge: »Loslassen üben«

Versuche diese Woche auf eine Sache, die dir wichtig ist, zu verzichten und bewusst zu fasten. Das kann ein bestimmtes Lebensmittel, aber auch eine Gewohnheit sein, wie zum Beispiel ein Glas Alkohol am Ende des Tages, die täglichen Zigaretten oder das Auto weniger zu benutzen. Welche Erkenntnisse gewinnst du daraus?

....

....

....

....

....

....

....

....

....

....

....

....

....

....

Woche 5

Wochenrückblick – Woche 5

Dein Wochen-Check

Bewerte folgende Bereiche deines Lebens. Zeichne zusätzlich rechts neben der Skala einen Pfeil nach oben, wenn sich der Bereich verbessert hat. 1 ist das Schlechteste und 10 das Bestmöglichste. Das Ziel dabei ist, dass du dir Schwerpunkte für einzelne Lebensbereiche setzt und durch den bewussten Fokus darauf und gezielte Maßnahmen positive Veränderungen auf der Skala wahrnehmen kannst.

Gesamtstimmung	1	2	3	4	5	6	7	8	9	10	
Dankbarkeit	1	2	3	4	5	6	7	8	9	10	
Sinn stiften	1	2	3	4	5	6	7	8	9	10	
Familie	1	2	3	4	5	6	7	8	9	10	
Freunde	1	2	3	4	5	6	7	8	9	10	
Partnerschaft	1	2	3	4	5	6	7	8	9	10	
Soziales Leben	1	2	3	4	5	6	7	8	9	10	
Spaß	1	2	3	4	5	6	7	8	9	10	
Kreativität	1	2	3	4	5	6	7	8	9	10	
Gesunde Ernährung	1	2	3	4	5	6	7	8	9	10	
Sport	1	2	3	4	5	6	7	8	9	10	
Naturerfahrungen	1	2	3	4	5	6	7	8	9	10	
Finanzen	1	2	3	4	5	6	7	8	9	10	
Arbeit	1	2	3	4	5	6	7	8	9	10	
Aus-, Fort- und Weiterbildung	1	2	3	4	5	6	7	8	9	10	
Gedanken und Emotionen	1	2	3	4	5	6	7	8	9	10	
Zeit für mich	1	2	3	4	5	6	7	8	9	10	

Wöchentliche Fragen mit Rückblick auf die Woche

Was hat mir Kraft gegeben?

....

....

Ich bin dankbar für ...

....

....

Was lief noch nicht so gut? Was lerne ich daraus?

....

....

GEGEBEN	ERHALTEN
Was habe ich Gutes für jemanden getan?	Was habe ich von anderen erhalten?
....	....
....	....
....	....
....	....

Was würde die kommende Woche wundervoll machen?

....

....

....

....

....

....

....

Worin will ich nächste Woche ehrlicher sein? (zu mir selbst beziehungsweise zu anderen)

....

....

....

....

....

....

....

....

Worauf will ich mich nächste Woche fokussieren?

Persönliche Notizen

Woche 6 Veränderung:
Ich erschaffe mir eine neue kraftvolle Energie!

»Sei du selbst die Veränderung, die du dir wünschst für diese Welt.«
(Mahatma Gandhi)

Wöchentliche Fragen

Welche Rituale hast du in deinem Tagesablauf?

....

....

....

....

Welche davon halten dich wie Spinnweben gefangen und welche geben dir Kraft, Zuversicht und Vertrauen ins Leben?

....

....

....

....

Welche neuen Rituale möchtest du in dein Leben integrieren? Wie kann das gelingen?

....

....

....

....

Fokussierung

Mein Leitgedanke, mein Motto für diese Woche:

....

....

....

....

Ziele, Aufgaben und Prioritäten in dieser Woche:

....

....

....

....

Termine und Erinnerungen:

....

....

....

....

....

....

....

....

Gedanken und Ideen zur persönlichen Weiterentwicklung in dieser Woche:

....

....

....

....

....

....

....

....

Wöchentliche Challenge: »Routinen verändern«

Einmal etwas ganz anders tun! Versuche diese Woche aus deinen Gewohnheiten, aus deinen üblichen Denk- und Verhaltensmustern auszubrechen und jeden Tag etwas ganz anders zu tun. Wähle einen anderen Weg in die Arbeit oder nach Hause, gehe in einen anderen Supermarkt einkaufen, putze mit der anderen Hand die Zähne oder melde dich am Telefon mit einer neuen freundlichen Begrüßung. Wie oft gelingt es dir? Wie fühlt sich das an?

Woche 6

Wochenrückblick – Woche 6

Dein Wochen-Check

Bewerte folgende Bereiche deines Lebens. Zeichne zusätzlich rechts neben der Skala einen Pfeil nach oben, wenn sich der Bereich verbessert hat. 1 ist das Schlechteste und 10 das Bestmöglichste. Das Ziel dabei ist, dass du dir Schwerpunkte für einzelne Lebensbereiche setzt und durch den bewussten Fokus darauf und gezielte Maßnahmen positive Veränderungen auf der Skala wahrnehmen kannst.

Gesamtstimmung	1	2	3	4	5	6	7	8	9	10	
Dankbarkeit	1	2	3	4	5	6	7	8	9	10	
Sinn stiften	1	2	3	4	5	6	7	8	9	10	
Familie	1	2	3	4	5	6	7	8	9	10	
Freunde	1	2	3	4	5	6	7	8	9	10	
Partnerschaft	1	2	3	4	5	6	7	8	9	10	
Soziales Leben	1	2	3	4	5	6	7	8	9	10	
Spaß	1	2	3	4	5	6	7	8	9	10	
Kreativität	1	2	3	4	5	6	7	8	9	10	
Gesunde Ernährung	1	2	3	4	5	6	7	8	9	10	
Sport	1	2	3	4	5	6	7	8	9	10	
Naturerfahrungen	1	2	3	4	5	6	7	8	9	10	
Finanzen	1	2	3	4	5	6	7	8	9	10	
Arbeit	1	2	3	4	5	6	7	8	9	10	
Aus-, Fort- und Weiterbildung	1	2	3	4	5	6	7	8	9	10	
Gedanken und Emotionen	1	2	3	4	5	6	7	8	9	10	
Zeit für mich	1	2	3	4	5	6	7	8	9	10	

Wöchentliche Fragen mit Rückblick auf die Woche

Was hat mir Kraft gegeben?

Ich bin dankbar für …

Was lief noch nicht so gut? Was lerne ich daraus?

GEGEBEN	ERHALTEN
Was habe ich Gutes für jemanden getan?	Was habe ich von anderen erhalten?

Was würde die kommende Woche wundervoll machen?

Worin will ich nächste Woche ehrlicher sein (zu mir selbst beziehungsweise zu anderen)?

Worauf will ich mich nächste Woche fokussieren?

....

....

....

....

....

....

....

Persönliche Notizen

....

....

....

....

....

....

....

....

Woche 7 Entwicklung:
Ich nehme bewusst wahr,
was ich bereits erreicht habe,
noch erreichen möchte und kann.

*»Auch aus Steinen, die einem in den Weg gelegt werden,
kann man Schönes bauen.«*

(Johann Wolfgang von Goethe)

Wöchentliche Fragen

Wo in deinem Leben kannst du (schon) eine positive Entwicklung wahrnehmen? Achte auch auf Verbesserungen in kleinen Teilbereichen!

....

....

....

....

Wie genau ist dir das gelungen?

....

....

....

Wer oder was hat dir dabei geholfen?

....

....

....

....

Fokussierung

Mein Leitgedanke, mein Motto für diese Woche:

....

....

....

....

Ziele, Aufgaben und Prioritäten in dieser Woche:

....

....

....

....

....

Termine und Erinnerungen:

....

....

....

....

....

....

....

....

Gedanken und Ideen zur persönlichen Weiterentwicklung in dieser Woche:

....

....

....

....

....

....

....

....

Wöchentliche Challenge: »Perspektiven erweitern – Weiterentwicklung fördern«

Wessen Meinung schätzt du besonders? Bitte in dieser Woche mindestens drei dieser Personen, dir ehrlich zu sagen, wie du dich ihrer Meinung nach weiterentwickeln könntest. (Nimm, wenn möglich, auch Kinder dazu. Sie verfügen oft über eine gute Beobachtungsgabe und sind sehr direkt.) Was hast du erfahren? Was war überraschend für dich?

....

....

....

....

....

....

....

....

....

....

....

....

....

Wochenrückblick – Woche 7

Dein Wochen-Check

Bewerte folgende Bereiche deines Lebens. Zeichne zusätzlich rechts neben der Skala einen Pfeil nach oben, wenn sich der Bereich verbessert hat. 1 ist das Schlechteste und 10 das Bestmöglichste. Das Ziel dabei ist, dass du dir Schwerpunkte für einzelne Lebensbereiche setzt und durch den bewussten Fokus darauf und gezielte Maßnahmen positive Veränderungen auf der Skala wahrnehmen kannst.

Bereich											
Gesamtstimmung	1	2	3	4	5	6	7	8	9	10	
Dankbarkeit	1	2	3	4	5	6	7	8	9	10	
Sinn stiften	1	2	3	4	5	6	7	8	9	10	
Familie	1	2	3	4	5	6	7	8	9	10	
Freunde	1	2	3	4	5	6	7	8	9	10	
Partnerschaft	1	2	3	4	5	6	7	8	9	10	
Soziales Leben	1	2	3	4	5	6	7	8	9	10	
Spaß	1	2	3	4	5	6	7	8	9	10	
Kreativität	1	2	3	4	5	6	7	8	9	10	
Gesunde Ernährung	1	2	3	4	5	6	7	8	9	10	
Sport	1	2	3	4	5	6	7	8	9	10	
Naturerfahrungen	1	2	3	4	5	6	7	8	9	10	
Finanzen	1	2	3	4	5	6	7	8	9	10	
Arbeit	1	2	3	4	5	6	7	8	9	10	
Aus-, Fort- und Weiterbildung	1	2	3	4	5	6	7	8	9	10	
Gedanken und Emotionen	1	2	3	4	5	6	7	8	9	10	
Zeit für mich	1	2	3	4	5	6	7	8	9	10	

Wöchentliche Fragen mit Rückblick auf die Woche

Was hat mir Kraft gegeben?

....

....

Ich bin dankbar für ...

....

....

Was lief noch nicht so gut? Was lerne ich daraus?

....

....

GEGEBEN	ERHALTEN
Was habe ich Gutes für jemanden getan?	Was habe ich von anderen erhalten?
....	....
....	....
....	....
....	....

Woche 7

Was würde die kommende Woche wundervoll machen?

....

....

....

....

....

....

....

Worin will ich nächste Woche ehrlicher sein? (zu mir selbst beziehungsweise zu anderen)

....

....

....

....

....

....

....

....

Worauf will ich mich nächste Woche fokussieren?

Persönliche Notizen

Woche 7

Woche 8 Freude: Ich nehme Momente der Freude in meinem Leben bewusst wahr!

»Zuerst erschaffen wir unsere Gewohnheiten, dann erschaffen sie uns.«

(John Dryden)

Wöchentliche Fragen

Was in deinem Leben bereitet dir – unabhängig von anderen Menschen – Freude?

....

....

....

....

Gibt es Bereiche in deinem Leben, wo du Freude *nur* in Abhängigkeit von anderen erlebst?

....

....

....

....

Durchforste deinen Alltag. Nimm bewusst wahr, welche Gewohnheiten du hast, welchen Tätigkeiten du täglich nachgehst. Wie kannst du dort mehr Freude hineinbringen und leben?

....

....

....

....

Fokussierung

Mein Leitgedanke, mein Motto für diese Woche:

....

....

....

....

Ziele, Aufgaben und Prioritäten in dieser Woche:

....

....

....

....

Termine und Erinnerungen:

....

....

....

....

....

....

....

....

Woche 8

Gedanken und Ideen zur persönlichen Weiterentwicklung in dieser Woche:

....

....

....

....

....

....

....

....

Wöchentliche Challenge: »Digital Detox«

Digital Detox: Wähle täglich ein elektronisches Gerät (Smartphone, Laptop, Tablet, Fernseher …), das du an diesem Tag in deiner Freizeit nicht benutzt. Wie geht es dir dabei? Mit welchem Gerät ist es am schwierigsten? Mit welchem fällt es dir am leichtesten? Kannst du dir vorstellen häufiger digital zu detoxen? Was hast du stattdessen *Freudvolles* gemacht.

Wochenrückblick – Woche 8

Dein Wochen-Check

Bewerte folgende Bereiche deines Lebens. Zeichne zusätzlich rechts neben der Skala einen Pfeil nach oben, wenn sich der Bereich verbessert hat. 1 ist das Schlechteste und 10 das Bestmöglichste. Das Ziel dabei ist, dass du dir Schwerpunkte für einzelne Lebensbereiche setzt und durch den bewussten Fokus darauf und gezielte Maßnahmen positive Veränderungen auf der Skala wahrnehmen kannst.

Gesamtstimmung	1	2	3	4	5	6	7	8	9	10	
Dankbarkeit	1	2	3	4	5	6	7	8	9	10	
Sinn stiften	1	2	3	4	5	6	7	8	9	10	
Familie	1	2	3	4	5	6	7	8	9	10	
Freunde	1	2	3	4	5	6	7	8	9	10	
Partnerschaft	1	2	3	4	5	6	7	8	9	10	
Soziales Leben	1	2	3	4	5	6	7	8	9	10	
Spaß	1	2	3	4	5	6	7	8	9	10	
Kreativität	1	2	3	4	5	6	7	8	9	10	
Gesunde Ernährung	1	2	3	4	5	6	7	8	9	10	
Sport	1	2	3	4	5	6	7	8	9	10	
Naturerfahrungen	1	2	3	4	5	6	7	8	9	10	
Finanzen	1	2	3	4	5	6	7	8	9	10	
Arbeit	1	2	3	4	5	6	7	8	9	10	
Aus-, Fort- und Weiterbildung	1	2	3	4	5	6	7	8	9	10	
Gedanken und Emotionen	1	2	3	4	5	6	7	8	9	10	
Zeit für mich	1	2	3	4	5	6	7	8	9	10	

Wöchentliche Fragen mit Rückblick auf die Woche

Was hat mir Kraft gegeben?

....

....

Ich bin dankbar für ...

....

....

Was lief noch nicht so gut? Was lerne ich daraus?

....

....

GEGEBEN	ERHALTEN
Was habe ich Gutes für jemanden getan?	Was habe ich von anderen erhalten?
....	....
....	....
....	....
....	....

Was würde die kommende Woche wundervoll machen?

....

....

....

....

....

....

....

Worin will ich nächste Woche ehrlicher sein (zu mir selbst beziehungsweise zu anderen)?

....

....

....

....

....

....

....

....

Worauf will ich mich nächste Woche fokussieren?

Persönliche Notizen

Woche 9 Mut:
Ich reflektiere meine Stärken und setze sie (neu) ein!

»Mut bedeutet auch, sich Ängsten zu stellen, ins Vertrauen zu kommen und loszulassen.«
»Die schönsten Entwicklungen entstehen vor allem dann, wenn man sich seinen Ängsten stellt.«

(Katharina Hanyka)

Wöchentliche Fragen

Welches Spiel hast du in deiner Kindheit besonders gern gespielt? Welche Stärken wurden dabei gestärkt?

....

....

....

Wenn du dir eine Superkraft aussuchen könntest, welche wäre das? Was würdest du tun, wenn du sie hättest?

....

....

....

....

Welches ist die mutigste Entscheidung, die du jetzt treffen kannst? Was brauchst du, um sie mutig umzusetzen?

....

....

....

....

Fokussierung

Mein Leitgedanke, mein Motto für diese Woche:

....

....

....

....

Ziele, Aufgaben und Prioritäten in dieser Woche:

....

....

....

....

Termine und Erinnerungen:

....

....

....

....

....

....

....

....

Gedanken und Ideen zur persönlichen Weiterentwicklung in dieser Woche:

....

....

....

....

....

....

....

....

Wöchentliche Challenge: »Stärkentest«

In der Positiven Psychologie spielt das Wissen und der Einsatz der eigenen (Signatur-)Stärken eine große Rolle. Mache am Anfang der Woche den Persönlichkeitsstärkentest (www.persoenlichkeitsstaerken.ch) und reflektiere: Was ist überraschend? Entspricht das Ergebnis deiner Einschätzung? Welche Stärken möchtest du weiterentwickeln und wie kann das gelingen? Nimm dir jeden Tag in dieser Woche eine Stärke vor, die du gezielt in den Fokus deines Tages stellst.

Wochenrückblick – Woche 9

Dein Wochen-Check

Bewerte folgende Bereiche deines Lebens. Zeichne zusätzlich rechts neben der Skala einen Pfeil nach oben, wenn sich der Bereich verbessert hat. 1 ist das Schlechteste und 10 das Bestmöglichste. Das Ziel dabei ist, dass du dir Schwerpunkte für einzelne Lebensbereiche setzt und durch den bewussten Fokus darauf und gezielte Maßnahmen positive Veränderungen auf der Skala wahrnehmen kannst.

Gesamtstimmung	1	2	3	4	5	6	7	8	9	10	
Dankbarkeit	1	2	3	4	5	6	7	8	9	10	
Sinn stiften	1	2	3	4	5	6	7	8	9	10	
Familie	1	2	3	4	5	6	7	8	9	10	
Freunde	1	2	3	4	5	6	7	8	9	10	
Partnerschaft	1	2	3	4	5	6	7	8	9	10	
Soziales Leben	1	2	3	4	5	6	7	8	9	10	
Spaß	1	2	3	4	5	6	7	8	9	10	
Kreativität	1	2	3	4	5	6	7	8	9	10	
Gesunde Ernährung	1	2	3	4	5	6	7	8	9	10	
Sport	1	2	3	4	5	6	7	8	9	10	
Naturerfahrungen	1	2	3	4	5	6	7	8	9	10	
Finanzen	1	2	3	4	5	6	7	8	9	10	
Arbeit	1	2	3	4	5	6	7	8	9	10	
Aus-, Fort- und Weiterbildung	1	2	3	4	5	6	7	8	9	10	
Gedanken und Emotionen	1	2	3	4	5	6	7	8	9	10	
Zeit für mich	1	2	3	4	5	6	7	8	9	10	

Wöchentliche Fragen mit Rückblick auf die Woche

Was hat mir Kraft gegeben?

....

....

Ich bin dankbar für ...

....

....

Was lief noch nicht so gut? Was lerne ich daraus?

....

....

GEGEBEN	ERHALTEN
Was habe ich Gutes für jemanden getan?	Was habe ich von anderen erhalten?
....	....
....	....
....	....
....	....

Woche 9

Was würde die kommende Woche wundervoll machen?

....

....

....

....

....

....

....

Worin will ich nächste Woche ehrlicher sein? (zu mir selbst beziehungsweise zu anderen)

....

....

....

....

....

....

....

....

Worauf will ich mich nächste Woche fokussieren?

Persönliche Notizen

Woche 10 Genuss:
Ich schaffe mir bewusste Genussmomente!

»Denke nicht leichtfertig vom Guten, indem du sagst: ›Es wird seinen Weg nicht zu mir finden.‹ Tropfen für Tropfen füllt sich der Wasserkrug. Mach es wie der Weise, der sich nach und nach mit Gutem füllt.«

(Dhammapada 9.122)

Wöchentliche Fragen

Welches ist dein täglicher Genussmoment (zum Beispiel die erste Tasse Kaffee)? Was genau genießt du dabei? (Wenn es etwas zu Essen ist: Ist es der Geruch, der Geschmack, dass es jemand für dich zubereitet hat? Wenn es Musik ist: Ist es der Text, die Melodie, eine Erinnerung?)

....

....

....

Was hindert dich (noch) daran, mehr Dinge so richtig zu genießen?

....

....

....

....

Was brauchst du, um es dir erlauben zu können? Wie kannst du dir das geben?

....

....

....

....

Fokussierung

Mein Leitgedanke, mein Motto für diese Woche:

....

....

....

....

Ziele, Aufgaben und Prioritäten in dieser Woche:

....

....

....

....

....

Woche 10

Termine und Erinnerungen:

....

....

....

....

....

....

....

....

Gedanken und Ideen zur persönlichen Weiterentwicklung in dieser Woche:

....

....

....

....

....

....

....

....

Wöchentliche Challenge: »Das Gute in sich aufnehmen«

Viele Augenblicke des Tages bergen etwas Erfreuliches – jemand lächelt dich an, jemand lässt dich an der Supermarktkasse vor, jemand hält dir die Türe auf, ein Vogel singt vor deinem Fenster, ein Sonnenaufgang, eine Umarmung, eine warme Dusche, eine Tasse Tee ... Die Einladung an dich für diese Woche ist: solche Micro-Momente ungefähr sechsmal am Tag bewusst wahrzunehmen, 20 bis 30 Sekunden mit der Aufmerksamkeit dabeizubleiben und bewusst zu spüren, wie dieser Wohlfühlmoment körperlich in dich hineinsinkt.

....

....

....

....

....

....

....

....

....

....

....

....

Wochenrückblick – Woche 10

Dein Wochen-Check

Bewerte folgende Bereiche deines Lebens. Zeichne zusätzlich rechts neben der Skala einen Pfeil nach oben, wenn sich der Bereich verbessert hat. 1 ist das Schlechteste und 10 das Bestmöglichste. Das Ziel dabei ist, dass du dir Schwerpunkte für einzelne Lebensbereiche setzt und durch den bewussten Fokus darauf und gezielte Maßnahmen positive Veränderungen auf der Skala wahrnehmen kannst.

Gesamtstimmung	1	2	3	4	5	6	7	8	9	10	
Dankbarkeit	1	2	3	4	5	6	7	8	9	10	
Sinn stiften	1	2	3	4	5	6	7	8	9	10	
Familie	1	2	3	4	5	6	7	8	9	10	
Freunde	1	2	3	4	5	6	7	8	9	10	
Partnerschaft	1	2	3	4	5	6	7	8	9	10	
Soziales Leben	1	2	3	4	5	6	7	8	9	10	
Spaß	1	2	3	4	5	6	7	8	9	10	
Kreativität	1	2	3	4	5	6	7	8	9	10	
Gesunde Ernährung	1	2	3	4	5	6	7	8	9	10	
Sport	1	2	3	4	5	6	7	8	9	10	
Naturerfahrungen	1	2	3	4	5	6	7	8	9	10	
Finanzen	1	2	3	4	5	6	7	8	9	10	
Arbeit	1	2	3	4	5	6	7	8	9	10	
Aus-, Fort- und Weiterbildung	1	2	3	4	5	6	7	8	9	10	
Gedanken und Emotionen	1	2	3	4	5	6	7	8	9	10	
Zeit für mich	1	2	3	4	5	6	7	8	9	10	

Wöchentliche Fragen mit Rückblick auf die Woche

Was hat mir Kraft gegeben?

....

....

Ich bin dankbar für ...

....

....

Was lief noch nicht so gut? Was lerne ich daraus?

....

....

GEGEBEN	ERHALTEN
Was habe ich Gutes für jemanden getan?	Was habe ich von anderen erhalten?
....	....
....	....
....	....
....	....

Was würde die kommende Woche wundervoll machen?

Worin will ich nächste Woche ehrlicher sein? (zu mir selbst beziehungsweise zu anderen)

Worauf will ich mich nächste Woche fokussieren?

Persönliche Notizen

Woche 11 Kreativität:
Ich lasse mich inspirieren!

»Nur du allein hast die Macht, diesen Ort, an dem du gerade jetzt lebst, zu einem wunderschönen Ort zu machen, dass selbst Gott persönlich sich nichts Besseres erträumen könnte.«

(Brad Warner)

Wöchentliche Fragen

Was bedeutet Kreativität für dich? Was kann sie noch bedeuten?

....

....

....

....

Wenn du dein Leben durch verschiedene Brillen betrachtest, welche Möglichkeiten kannst du erkennen und welche neue Perspektiven ergeben sich daraus?

....

....

....

....

Einmal etwas ganz anders tun. Wenn du mutig und kreativ bist, wo kannst du aus deiner Komfortzone gehen und dich selbst überraschen?

....

....

....

....

Fokussierung

Mein Leitgedanke, mein Motto für diese Woche:

....

....

....

....

Ziele, Aufgaben und Prioritäten in dieser Woche:

....

....

....

....

Termine und Erinnerungen:

....

....

....

....

....

....

....

....

Gedanken und Ideen zur persönlichen Weiterentwicklung in dieser Woche:

....

....

....

....

....

....

....

....

Wöchentliche Challenge: »Inspirierende Geschichten«

Geschichten erreichen tiefere Schichten in uns. Sie können Hoffnung, Wärme und Zuversicht in dunklen Momenten bringen. Wann hast du das letzte Mal mit ganzer Aufmerksamkeit und offenem Herzen einer Geschichte gelauscht oder eine solche Geschichte gelesen? Suche dir eine inspirierende Geschichte, deren Botschaft dich diese Woche begleitet. Lies sie jeden Tag einmal. Was stellst du fest?

....

....

....

....

....

....

....

....

....

....

Literaturtipp

Strobach S./Pinkl C. (2022): 75 Coachingkarten Achtsamkeits- und Weisheitsgeschichten. Hinter jeder Tür eine Geschichte. Weinheim, Basel: Beltz.

Wochenrückblick – Woche 11

Dein Wochen-Check

Bewerte folgende Bereiche deines Lebens. Zeichne zusätzlich rechts neben der Skala einen Pfeil nach oben, wenn sich der Bereich verbessert hat. 1 ist das Schlechteste und 10 das Bestmöglichste. Das Ziel dabei ist, dass du dir Schwerpunkte für einzelne Lebensbereiche setzt und durch den bewussten Fokus darauf und gezielte Maßnahmen positive Veränderungen auf der Skala wahrnehmen kannst.

Gesamtstimmung	1	2	3	4	5	6	7	8	9	10	
Dankbarkeit	1	2	3	4	5	6	7	8	9	10	
Sinn stiften	1	2	3	4	5	6	7	8	9	10	
Familie	1	2	3	4	5	6	7	8	9	10	
Freunde	1	2	3	4	5	6	7	8	9	10	
Partnerschaft	1	2	3	4	5	6	7	8	9	10	
Soziales Leben	1	2	3	4	5	6	7	8	9	10	
Spaß	1	2	3	4	5	6	7	8	9	10	
Kreativität	1	2	3	4	5	6	7	8	9	10	
Gesunde Ernährung	1	2	3	4	5	6	7	8	9	10	
Sport	1	2	3	4	5	6	7	8	9	10	
Naturerfahrungen	1	2	3	4	5	6	7	8	9	10	
Finanzen	1	2	3	4	5	6	7	8	9	10	
Arbeit	1	2	3	4	5	6	7	8	9	10	
Aus-, Fort- und Weiterbildung	1	2	3	4	5	6	7	8	9	10	
Gedanken und Emotionen	1	2	3	4	5	6	7	8	9	10	
Zeit für mich	1	2	3	4	5	6	7	8	9	10	

Wöchentliche Fragen mit Rückblick auf die Woche

Was hat mir Kraft gegeben?

....

....

Ich bin dankbar für ...

....

....

Was lief noch nicht so gut? Was lerne ich daraus?

....

....

GEGEBEN	ERHALTEN
Was habe ich Gutes für jemanden getan?	Was habe ich von anderen erhalten?
....	....
....	....
....	....
....	....

Was würde die kommende Woche wundervoll machen?

....

....

....

....

....

....

....

Worin will ich nächste Woche ehrlicher sein? (zu mir selbst beziehungsweise zu anderen)

....

....

....

....

....

....

....

....

Worauf will ich mich nächste Woche fokussieren?

Persönliche Notizen

Woche 12 Dankbarkeit: Ich bleibe dran!

»Nicht die Glücklichen sind dankbar, es sind die Dankbaren, die glücklich sind.«

(Francis Bacon)

Wöchentliche Fragen

Im Gegensatz zu »nach Glück zu streben« fühlen wir uns mit Dankbarkeit im Hier und Jetzt schon gut. Wofür möchtest du *dir* jetzt, am Ende dieser zwölf Wochen, *selbst* danke sagen?

....

....

....

....

Wenn du dankbar bist, welche Gefühle gehen für dich damit noch einher? (vielleicht Zufriedenheit, Freude, sich erfolgreich fühlen, Sicherheit ...)

....

....

....

....

Wie fühlt sich dein Körper an, wenn du dankbar bist?

....

....

....

....

Fokussierung

Mein Leitgedanke, mein Motto für diese Woche:

....

....

....

....

Ziele, Aufgaben und Prioritäten in dieser Woche:

....

....

....

....

....

Termine und Erinnerungen:

....

....

....

....

....

....

....

Gedanken und Ideen zur persönlichen Weiterentwicklung in dieser Woche:

....

....

....

....

....

....

....

....

....

Wöchentliche Challenge: »Mein Herzenswunsch«

Überlege dir eine Vision für deine »Wunschzukunft«. Gestalte dafür ein sogenanntes Visionboard. Wie das geht, beschreiben wir ab Seite 142. Überlege: Welche meiner Stärken helfen mir bei der Umsetzung meiner Wunschzukunft? Wie werde ich mich fühlen, wenn ich sie erreicht habe? Was sind die nächsten konkreten Schritte der Umsetzung – heute, in den nächsten Wochen, in den nächsten Monaten? Skizziere hier dein Visionboard, das du entwickelt hast.

Wochenrückblick – Woche 12

Dein Wochen-Check

Bewerte folgende Bereiche deines Lebens. Zeichne zusätzlich rechts neben der Skala einen Pfeil nach oben, wenn sich der Bereich verbessert hat. 1 ist das Schlechteste und 10 das Bestmöglichste. Das Ziel dabei ist, dass du dir Schwerpunkte für einzelne Lebensbereiche setzt und durch den bewussten Fokus darauf und gezielte Maßnahmen positive Veränderungen auf der Skala wahrnehmen kannst.

Gesamtstimmung	1	2	3	4	5	6	7	8	9	10	
Dankbarkeit	1	2	3	4	5	6	7	8	9	10	
Sinn stiften	1	2	3	4	5	6	7	8	9	10	
Familie	1	2	3	4	5	6	7	8	9	10	
Freunde	1	2	3	4	5	6	7	8	9	10	
Partnerschaft	1	2	3	4	5	6	7	8	9	10	
Soziales Leben	1	2	3	4	5	6	7	8	9	10	
Spaß	1	2	3	4	5	6	7	8	9	10	
Kreativität	1	2	3	4	5	6	7	8	9	10	
Gesunde Ernährung	1	2	3	4	5	6	7	8	9	10	
Sport	1	2	3	4	5	6	7	8	9	10	
Naturerfahrungen	1	2	3	4	5	6	7	8	9	10	
Finanzen	1	2	3	4	5	6	7	8	9	10	
Arbeit	1	2	3	4	5	6	7	8	9	10	
Aus-, Fort- und Weiterbildung	1	2	3	4	5	6	7	8	9	10	
Gedanken und Emotionen	1	2	3	4	5	6	7	8	9	10	
Zeit für mich	1	2	3	4	5	6	7	8	9	10	

Wöchentliche Fragen mit Rückblick auf die Woche

Was hat mir Kraft gegeben?

....

....

Ich bin dankbar für ...

....

....

Was lief noch nicht so gut? Was lerne ich daraus?

....

....

GEGEBEN	ERHALTEN
Was habe ich Gutes für jemanden getan?	Was habe ich von anderen erhalten?
....	....
....	....
....	....
....	....

Was würde die kommende Woche wundervoll machen?

....

....

....

....

....

....

....

Worin will ich nächste Woche ehrlicher sein? (zu mir selbst beziehungsweise zu anderen)

....

....

....

....

....

....

....

....

Worauf will ich mich nächste Woche fokussieren?

....

....

....

....

....

....

....

Persönliche Notizen

....

....

....

....

....

....

....

....

Teil 3

Die Top 3 unserer positiven Interventionen

In diesem Teil stellen wir dir die Top 3 unserer positiven Interventionen vor.

TOP 1: Visionboard gestalten

Lass uns mit einer einfachen Vorübung beginnen: Wir bitten dich, jetzt *nicht* an einen kleinen rosa Elefanten zu denken, mit flatternden Ohren, großen dunklen Augen, der vor Vergnügen mit seinem kräftigen Rüssel Wasser aus einem Teich saugt und sich damit selbst bespritzt.

Ist es dir gelungen? Wahrscheinlich nicht, im Gegenteil, du wirst den Elefanten vor deinem inneren Auge gesehen und dich vielleicht sogar mit einem Schmunzeln in deinem Gesicht mit ihm über die prickelnde Dusche gefreut haben. Du siehst daran, wir denken in Bildern.

Je klarer die Bilder vor unseren Augen – im Außen wie im Inneren – sind, desto höher ist die Chance, dass sie Realität werden.

Es gibt auch eine neurowissenschaftliche Erklärung dazu: Unser Verstand arbeitet langsam und sehr bewusst. Er kann Informationen nur seriell, also hintereinander bearbeiten. Im allerbesten Fall dauert eine »Verstandesreaktion« 900 Millisekunden. Unser Unterbewusstsein hingegen arbeitet unter der Bewusstseinsschwelle und viel schneller. Hier bekommst du innerhalb von 200 Millisekunden eine Rückmeldung, in Form von Gefühlen oder Körperempfinden (man nennt diese auch somatische Marker). Hilfreich ist daher, beide Aspekte zu berücksichtigen und für sich zu nutzen.

Wenn du ein Bild vor Augen hast, wo du hinwillst, was du erreichen möchtest, dann wird dieses Bild immer wie ein leuchtender Stern vor dir stehen – bewusst und unbewusst – und dir helfen, deinen Fokus bei deiner Vision zu halten, anstatt dich in Hindernissen und Ängsten zu verlieren, was alles schief gehen könnte.

Eine – wir möchten aus eigener Erfahrung wirklich sagen »magische« – Form ist ein Visionboard.

Das wird benötigt:

- Du solltest dir zumindest einen Nachmittag oder Abend »unbegrenzt« Zeit einräumen.
- Als Board eignet sich eine Pinnwand aus Kork, ein großer Karton, ein rahmenloser Bildhalter oder ein Flipchartpapier, das du auf eine Tür oder Wand kleben kannst.

- Fotos, Magazine, Prospekte, Kataloge, deine Lieblingszeitschriften, Texte, Sprüche aus Büchern ...
- Stoffreste, buntes Papier, Naturmaterialien ... alles, was zu deinen ganz individuellen Träumen passt
- Klebstoff, Schere, Farbstifte
- ein Blatt Papier und Stifte

Anleitung: Bringe dich mit ein paar achtsamen Atemzügen in deine eigene Mitte und dann gib dich deinen Träumen hin. Wage es. Wenn Geld und Zeit, keine Rolle spielen, was möchtest du tun, bei welchen Aktivitäten, an welchen Orten lacht deine Seele und schlägt dein Herz etwas schneller? Was hast du als Kind schon gern getan? Frage dich dann: Was möchtest du erreichen – in diesem Jahr, in den nächsten zwei Jahren, in fünf Jahren? (Stell dich darauf ein, dass viele deiner Wünsche schneller Wirklichkeit werden können.) Es können berufliche Etappen und Ziele sein oder private, wie eine Familie gründen, die Wohnung neu gestalten, eine Urlaubsreise machen, ein Buch schreiben, einen Vortrag organisieren, im Rahmen eines Sabbaticals ferne Länder erkunden, eine Sprache oder ein Instrument lernen ...

Hinterfrage deine Ziele gründlich: Sind es wirklich *deine* Ziele? Oder versuchst du vielleicht gerade die Träume deiner Eltern zu leben oder eine Familientradition fortzuführen, die nichts mehr mit dir zu tun hat?

Wenn du dir ganz sicher bist, *deine* Träume gefunden zu haben, notiere alle deine Träume, Visionen, Ziele auf dem Blatt Papier. Es kann sein, dass dein innerer Kritiker, deine innere Kritikerin auftaucht und dir dabei ins Ohr flüstert: »Das wird sowieso nichts, das schaffst du nie. Das kannst du dir nicht leisten, warum solltest ausgerechnet du ...?!« Begrüße diese:n Kritiker:in herzlich: »Schön, dass du auch da bist, du bist ebenso ein Teil meines Lebens. Ich sehe, du sorgst dich um mich, dass ich mir nicht zu viel zumute. Du kannst dich gern zu mir setzen, hören werde ich ab jetzt nicht mehr auf dich. Lass mich einfach machen. Ich weiß, dass ich es wert bin, alles zu erreichen, wovon ich träume. Jeder Schritt aus meiner bisherigen Komfortzone eröffnet mir neue Perspektiven. Jeder Augenblick bringt mich meinem nächsten Ziel näher. Jedes Mal, wenn ich mir in einem Tagtraum vorstelle, dass mein Ziel schon erreicht, mein Wunsch schon erfüllt ist, geht jede Zelle meines Körpers damit in Resonanz, schwingt in höchster Harmonie und bringt Menschen in mein Leben, die mich auf dem Weg zur Erfüllung meiner Träume unterstützen. Das Universum hat so viel mehr Möglichkeiten, als ich mir mit meinem

»beschränkten« Verstand vorstellen kann. Ich muss mich nicht von jeder Kleinigkeit, jedem Hindernis, das möglicherweise auftauchen könnte, aufhalten lassen. Ich starte jetzt los – vertrauensvoll, dankbar für alles, was ich schon erreicht habe, mutig, zuversichtlich.«

Und so startest du los. Wie sagte Susannes Vater immer zu ihr: »Du musst groß denken, Mausi!« Also denke groß. Die einzigen Grenzen im Leben sind die, die du deiner Fantasie setzt. Vielleicht trägst du schon länger einen ganz bestimmten Traum, eine Vision von deinem besten Selbst in dir. Vielleicht möchtest du dir ganz konkrete Visionen zu bestimmten Lebensbereichen suchen – für dein Zuhause, deine Beziehungen, deine Gesundheit, deine berufliche Erfüllung, deinen Beitrag zur Gesellschaft.

Als nächstes nimm Ziel für Ziel und Vision für Vision und *gestalte* diese kreativ mit Bildern aus Zeitschriften, mit positiven Texten, mit Resten von kostbaren Stoffen, wie Samt, Brokat, Seide, damit sich dein Visionboard auch haptisch sinnlich anfühlt. Damit es dich anlacht und einlädt immer wieder im Vorbeigehen darüber zu streichen und dich daran zu erfreuen, dich zu erinnern. Drehe und schiebe die einzelnen Teile solange hin und her, bis das Bild sich für dich stimmig anfühlt – mental und real. Dann erst klebst du alles fest.

Du kannst heutzutage Visionboards auch digital gestalten. Neurowissenschaftlich empfehlen wir allerdings ein analoges Board, weil es schon bei der Gestaltung mehr Sinne anspricht und dich inspiriert, wenn es – wie eben beschrieben – Stück für Stück entsteht und dann vor dir an der Wand oder Tür hängt.

TOP 2: Dankbarkeitsmomente sammeln

Das Ziel der Dankbarkeitspraxis ist, den Geist zu trainieren, die schönen Dinge im Leben bewusst in dem Moment wahrzunehmen, in dem sie stattfinden und sich intensiv daran zu erfreuen.

Zu den schönen Dingen zählen kleine positive Ereignisse – wie der Geschmack von gutem Kaffee, ein unerwartetes Kompliment, ein Straßenbahnfahrer, der uns im letzten Moment die Türe aufhält, eine Nachbarin, die ein Päckchen für uns annimmt und uns den Weg zur Post damit erspart, das Lächeln eines Kindes oder eines fremden Menschen auf der Straße, eine liebevolle SMS, eine Ansichtskarte, eine Kollegin, die frischen Kaffee kocht und Kuchen mitgebracht hat, gemeinsames Lachen, ein Projekt, das wir an Land gezogen haben, dass wir pünktlich zu unserem Lieblingskrimi zu Hause waren, dass es kaltes Bier im Kühlschrank gibt, dass die Kinder gesund sind ...

Versuche mindestens ein halbes Dutzend Mal am Tag Gutes, Erfreuliches, Schönes zu bemerken – in der Welt und an dir selbst.

Bemerke auch jede Abneigung gegen das Wohlfühlen. Zum Beispiel, wenn du denkst, dass du es nicht verdienst, oder dass es egoistisch, eitel oder sogar beschämend ist, Freude zu empfinden. Oder dass, wenn du dich gut fühlst, schlechte Dinge passieren werden.

Barrieren, sich gut zu fühlen, sind üblich und verständlich, aber sie behindern uns dabei, die Ressourcen aufzunehmen, die wir benötigen, um uns besser zu fühlen, mehr Kraft und mehr innere Stärke zu haben, um andere zu unterstützen. Nimm auch inneren Widerstand dabei wahr und wende deine Aufmerksamkeit dann wieder der Freude des Augenblicks zu. Öffne dich weiter dafür, atme bewusst und entspanne dich, lass die Geschenke des Lebens auf dich wirken.

Versuche für 20 oder 30 Sekunden dabei zu bleiben – ohne dich von etwas anderem ablenken zu lassen. Spüre dabei auch intensiv die körperlichen Reaktionen: vielleicht ein warmes Gefühl im Bauchraum, eine Weite beim Herzen, ein Lächeln, das sich ohne dein Zutun auf deinem Gesicht breitgemacht hat. Je länger etwas im Bewusstsein gehalten wird und je mehr es mit allen Sinnen wahrgenommen wird, desto mehr Neuronen feuern und verkabeln sich und umso stärker ist die Spur in deinem Gehirn.

Es geht dabei nicht darum, sich nach positiven Erfahrungen zu sehnen oder sich an sie zu klammern, das würde letztlich nur zu Stress und Enttäuschung führen. Eigentlich tust du das Gegenteil: Indem du Angenehmes bewusst und intensiv aufnimmst, wirst du innerlich immer weniger zerbrechlich oder bedürftig und fühlst dich weniger abhängig von außen. Dein Glück und deine Liebe werden bedingungsloser und basieren mehr auf einer inneren Fülle als darauf, ob die momentanen Umstände in deinem Leben gerade gut sind. So stellt sich mit der Zeit eine positivere Grundhaltung ein, und während der Fokus auf die schönen Dinge größer wird, reduziert er sich gleichzeitig für die unangenehmeren Erlebnisse.

Und wenn es ein Tag war, an dem das eine oder das andere oder alles zusammen schief gelaufen ist, kannst du vielleicht dankbar sein, dass du ein Dach über dem Kopf, ein weiches Bett, warmes Wasser aus der Wasserleitung oder einfach eine gesunde Verdauung hast.

Du wirst sehen, nach einiger Zeit, fallen dir immer mehr Dinge auf, für die du dankbar sein kannst – und das Leben macht gleich viel mehr Freude!

Wichtig ist, dass du deine Fähigkeit kultivierst, die schönen Dinge im Leben wahrzunehmen. Wie das tägliche Zähneputzen. Das meiste im Leben ist nicht planbar. Unsere Tage verlaufen häufig ganz anders als geplant und Unglücke passieren – in der Welt und in deinem ganz persönlichen Leben. Wenn du in »guten Zeiten« diese Fähigkeit kultiviert und die Neuronenverbindungen in deinem Gehirn verstärkt hast, dann wird diese Fähigkeit da sein, wenn du sie am dringendsten brauchst. Und du wirst neben der Katastrophe auch das Positive, das Schöne, das Heile, wahrnehmen. Dadurch ist das Negative nicht weg, du nimmst nur beides bewusst wahr.

TOP 3: Natur erleben

»Die Natur ist die beste Apotheke«, wusste schon Sebastian Kneipp (1821–1897) und spätestens mit dem »Waldbaden«, »Shinrin Yoku«, wie es in Japan genannt wird, hat sich die Bewusstheit, dass der Aufenthalt in der Natur uns guttut, wieder verstärkt etabliert. Miyazaki Yoshifumi, Professor und Direktor des Zentrums für Umwelt, Gesundheit und Feldforschung an der Universität Chiba (Tokio), hat 1990 in einer ersten Feldstudie den Zusammenhang zwischen längeren Aufenthalten im Wald und der reduzierten Zahl von Stresshormonen herausgefunden. Der Aufenthalt im Wald wirkt stimmungsaufhellend, stressreduzierend, er senkt Blutdruck und Pulsfrequenz, stärkt das Immunsystem und wird mittlerweile auch zur Krebsprävention beziehungsweise Unterstützung bei der Heilung empfohlen. Abhängig davon, wie lange wir uns im Wald aufhalten, kann die Wirkung bis zu 30 Tage andauern. Wald ist aber nicht jedermanns und jederfraus Sache. Vielleicht ist es bei dir das Meer, ein See, die Berge oder eine Wiese. Jeder Aufenthalt in der Natur tut deiner Seele gut, senkt deinen Stresspegel und relativiert so manche subjektiv als Katastrophe empfundene Begebenheit.

Unsere Einladung an dich ist daher: verbringe, so oft es geht, aber mindestens einmal pro Woche bewusst Zeit in der Natur! Nimm die U-Bahn, den Zug oder dein Fahrrad und begib dich in die Natur.

Die 5-4-3-2-1-Übung

- Diese 5-4-3-2-1-Übung kann dich dabei unterstützen, die Natur bewusst wahrzunehmen. Wähle eine Stelle, an der du ein paar Minuten in Ruhe stehen kannst (im Sommer am besten barfuß!). Nimm deine Fußsohlen wahr, die Verbindung zur Erde. Spür deinen Körper. Nimm ein paar tiefe Atemzüge, spür, wie deine Lunge sich weitet und bei jedem Atemzug mit frischem Sauerstoff füllt. Puste die verbrauchte Luft ganz bewusst aus. Komm ganz bei und in dir an. Die folgende Übung kannst du im Stehen machen oder dabei weitergehen.

Fünf: Richte deine Aufmerksamkeit auf fünf Dinge, die du rund um dich sehen kannst. Vielleicht den Boden unter deinen Füßen, eine Biene, die Rinde eines Baumes, einen Hund, einen Vogel hoch oben am Himmel, Regentropfen, die ein Blatt neben dir herunterrinnen. Nur fünf Dinge, nicht mehr! Diese beobachte jeweils mit deiner ganzen Aufmerksamkeit, so lange du sie beim jeweiligen Objekt oder Tier halten kannst.

Vier: Richte danach deine Aufmerksamkeit auf vier Dinge, die du fühlen kannst. Streiche ganz sanft mit deinen Händen über ein Blatt oder eine Baumrinde, spüre über deine Fußsohlen die Erde oder die Wiese, auf der du stehst. Vielleicht magst du ganz nah an einen Strauch gehen und seine Blätter über deine Wange streicheln lassen. Gib dich ganz dem Spüren hin.

Drei: Widme dich danach dem Hören von drei verschiedenen Geräuschen. Kannst du das Zwitschern, Singen, Krächzen und Pfeifen der Vögel hören, die Stimmen von Menschen, das Summen von Bienen, Regentropfen auf dem Blätterdach, das Rauschen der Wellen am Strand, Kuhglocken? Einfach hinhören. Lauschen.

Zwei: Jetzt ist dein Geruchssinn eingeladen, zwei Gerüche wahrzunehmen. Wir gewöhnen uns in der Regel rasch an die Gerüche unserer Umgebung, versuche zwei Gerüche bewusst wahrzunehmen. Vielleicht ist es der Duft einer Blume, der Geruch von Salzwasser oder der Kuhdung in deiner Nähe. Wenn du in der Natur nichts er-riechen kannst, weht der Wind vielleicht den Geruch eines Lokals zu dir oder du kannst deine eigene Handcreme wahrnehmen.

Eins: Zuletzt richte deine Aufmerksamkeit auf eine Sache, die du schmecken kannst. Wie ist der Geschmack in deinem Mund – jetzt gerade? Vielleicht hast du ein Brot mit dabei oder Tee in der Thermoskanne. Schmecke ganz bewusst.

Diese Übung stammt aus der Hypnotherapie und wird Betty Erickson zugeschrieben. Den Weg zu uns hat sie über eine Studienteilnehmerin gefunden und wir haben sie auf die Wahrnehmungen in der Natur adaptiert. Die Sinneswahrnehmungen sind dort meist stärker. Unser Gehirn kann nicht multitasken, sondern Eindrücke nur seriell, also hintereinander, wahrnehmen, weshalb dich die Konzentration auf deine Sinne darin unterstützt, das Kreisen negativer Gedanken zu unterbrechen.

Teil 4

Anhang

Die Autorinnen

Katharina Hanyka, BEd MSc MSc ist studierte Pädagogin, Eltern-, Erziehungs- und Familienberaterin, psychosoziale Beraterin, Legasthenie und Dyskalkulietherapeutin. Expertin für schulische und betriebliche Gesundheitsförderung, Schulentwicklungsberaterin und zertifizierte Supervisorin. Sie ist Hochschulprofessorin und Studienleitung des Hochschullehrgangs »Psychosoziale Gesundheit – achtsam und stark durch das Leben«.
Als Trainerin der Positiven Psychologie begleitet sie Pädagoginnen und Pädagogen, genauso wie Mitarbeiterinnen und Mitarbeiter in Unternehmen auf dem Weg zu mehr Wohlbefinden und einer positiven und bewussten Gestaltung des (Berufs)Lebens.

Susanne Strobach, MSc ist Gründerin und Leiterin der Achtsamkeits-Akademie Wien.
Ihre Leidenschaft ist das Multiplizieren von Visionen, Talenten und Wissen durch die Vernetzung von Menschen mit Visionen, Talenten und Wissen. Ihr persönlicher Interessensschwerpunkt liegt in der Verbindung von Achtsamkeit und Neurowissenschaften. Ihr Anspruch ist, aktuellstes wissenschaftliches Know-how und lebendige Kreativität mit altem Wissen und tiefer Intuition liebevoll zu einem neuen Stoff zu verweben und Menschen zusammenzubringen, um miteinander voneinander zu lernen und so die Welt zu einem gesunden, lebenswerten Ort zu machen.
Susanne hat einen European Master of Science in Mediation & Konfliktmanagement, ist Unternehmensberaterin mit dem Schwerpunkt Personalentwicklung, Qualitätsmanagerin, (Lehr-)Mediatorin für Familien und Teams, Hochschullehrende, Projektleiterin, Supervisorin, Coach, Buchautorin, DVD-Produzentin.
Homepages: susannestrobach.at und achtsamkeits-akademie.at

Literaturverweise und -empfehlungen

Blickhan, D. (2015): Positive Psychologie. Ein Handbuch für die Praxis. Paderborn: Junfermann.

Berzbach, F. (2022): Die Kunst ein kreatives Leben zu führen. Anregung zu Achtsamkeit. 13. Auflage. Mainz: Hermann Schmidt

Csikszentmihalyi, M. (2001): Lebe gut! Wie Sie das Beste aus Ihrem Leben machen. München: dtv.

Csikszentmihalyi, M. (2017): Flow. Das Geheimnis des Glücks. 9. Auflage. Stuttgart: Klett-Cotta.

Fredrickson, B. L. (2011): Die Macht der guten Gefühle. Wie eine positive Haltung ihr Leben dauerhaft verändert. Frankfurt am Main: Campus.

Hanson, R. (2019): Das resiliente Gehirn. Wie wir zu unerschütterlicher Gelassenheit, innerer Stärke und Glück finden können. Freiburg im Breisgau: arbor.

Hanson R. (2021): Selbstgesteuerte Neuroplastizität. Der achtsame Weg, das Gehirn zu verändern. (Buch und 3 CDs) Freiburg im Breisgau: arbor.

Hanyka, K. (2020): Ein an Positiver Psychologie orientiertes Selbstcoaching-Tool. Konzepte und Methoden der Positiven Psychologie für ein positives, glückliches und erfülltes Leben. Masterarbeit. Wien: Universitätsinstitut für Beratungs- und Managementwissenschaften (ARGE Bildungsmanagement) an der Fakultät für Psychologie der Sigmund Freud Privatuniversität.

Härtl-Kasulke, C. (2018): 75 Bildkarten Positive Psychologie. Stärken stärken. Weinheim, Basel: Beltz.

Härtl-Kasulke, C./Revers, A. (2018): Lebenskunst! Eine Anleitung zur Positiven Psychologie. Weinheim, Basel: Beltz.

Lally, P./Jaarsveld, C. H. M. van/Potts, H. W. W./Wardle, J. (2010): How are habits formed: Modelling habit formation in the real world. European Journal of Social Psychology, 40(6), 998–1009. https://doi.org/10.1002/ejsp.674

Lyubomirsky, S. (2018): Glücklich sein. Warum Sie es in der Hand haben, zufrieden zu leben. 2. Auflage. Frankfurt am Main: Campus.

Schlippe, A./Schweitzer, J. (2016): Lehrbuch der systemischen Therapie und Beratung I. Das Grundlagenwissen. Göttingen: Vandenhoeck & Ruprecht.

Seligman, M. E. P. (2012): Der Glücks-Faktor. Warum Optimisten länger leben. Köln: Bastei Lübbe.

Seligman, M. E. P. (2015): Wie wir aufblühen. Die fünf Säulen des persönlichen Wohlbefindens. 10. Auflage. München: Wilhelm Goldmann.

Storch, M./Krause, F./Weber, J. (2022): Selbstmanagement – ressourcenorientiert. Grundlagen und Trainingsmanual für die Arbeit mit dem Zürcher Ressourcen Modell (ZRM). 7. Auflage. Bern: Hogrefe.

Strobach S./Reichlin-Meldegg H. (2020): Das Beste kommt jetzt. So gehe ich glücklich, gelassen und gesund in die zweite Lebenshälfte. Wien: Kneipp.

Strobach, S./Hess M. (2021): Achtsamkeit in Wort und Bild. 60 Impulskarten für die professionelle Anwendung. Weinheim, Basel: Beltz.

Strobach S./Pinkl C. (2022): 75 Coachingkarten Achtsamkeits- und Weisheitsgeschichten. Hinter jeder Tür eine Geschichte. Weinheim, Basel: Beltz.

Strobach S./Zika U. (2023): Logbuch Achtsamkeit und Mitgefühl. Weinheim, Basel: Beltz.